最強戦士ビジュアル大百科

学研ファースト歴史百科 ②

監修／埼玉大学名誉教授　田代脩

最強剣士5傑!
無敗の剣聖
塚原卜伝
剣術の世界を切り開く
新陰流の創始者
上泉信綱
諸国をめぐり剣を伝授
知名度ナンバー1剣士
宮本武蔵
二刀流で敵を粉砕!

隻眼の剣士
柳生十兵衛
実戦重視の柳生新陰流の達人

新選組一番隊組長
沖田総司
天然理心流の天才剣士

最強射手2傑

大弓を引く巨漢射手
源為朝

船上の扇の的を射抜いた
那須与一

最強槍術士3傑!
槍にとまった蜻蛉も斬られる
本多忠勝
引き下がらない槍の又左
前田利家
十文字槍を極めた
高田又兵衛

異種武器 最強戦士5傑！

七つ道具
武蔵坊弁慶
七種類の武器で激闘！

ライフル銃
新島八重
明治新政府軍を撃射！

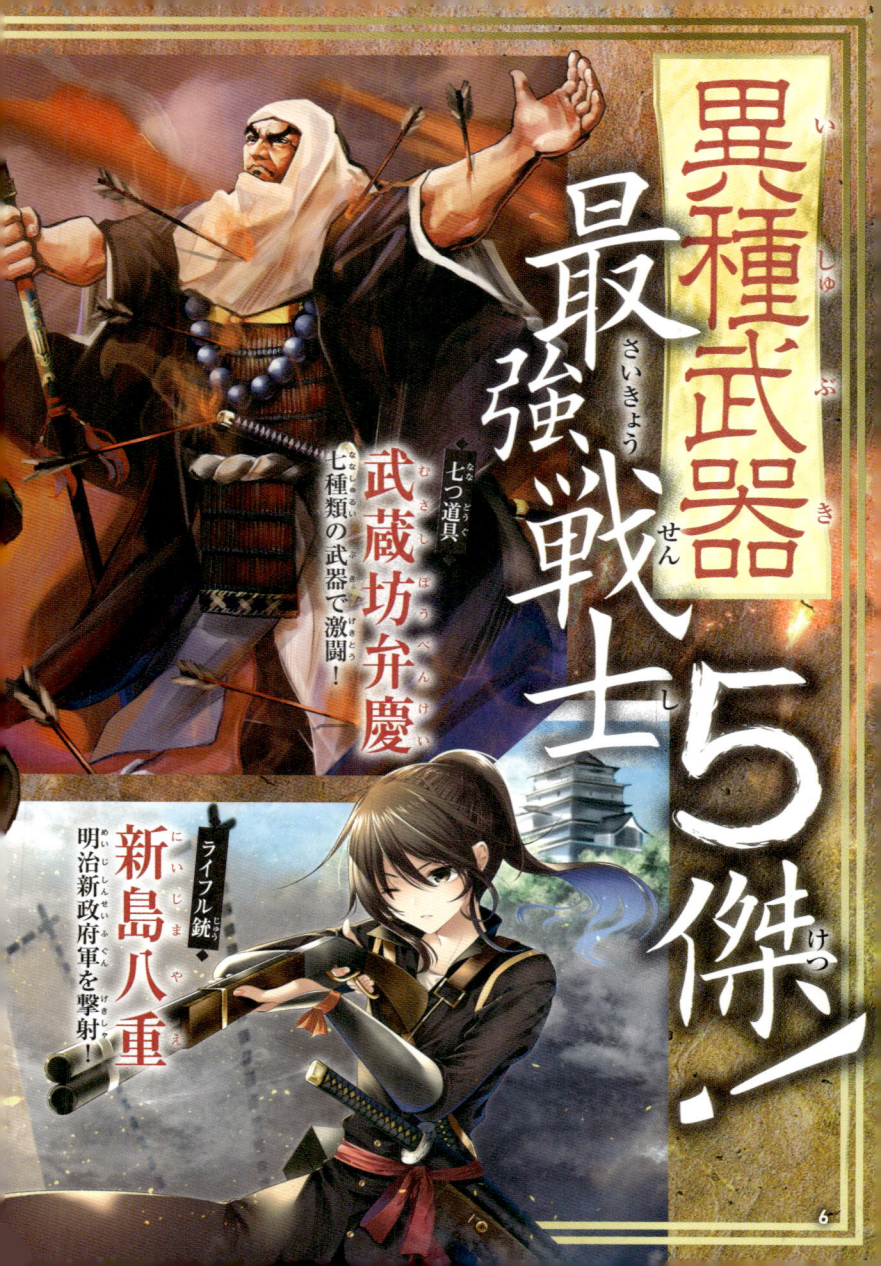

薙刀
巴
一閃のもとに斬り伏せる！
鎖鎌
由利鎌之助
奇抜な攻撃で敵を撹乱！
片十字槍
加藤清正
虎をも倒す無敵の槍！

武器図鑑 1

戦士の使った必殺武器

戦士たちは、自分の得意とする武器で戦った。そのいろいろを見てみよう。

IXTA

手裏剣

手の裏にかくせる剣という意味。よく忍者が投げて使った。

日本刀

さまざまなタイプが作られた。108ページも見よう。

大刀

小刀（脇差）

PIXTA

江戸時代には、武士は大刀（本差）、小刀（脇差）を両方つけるようになった。

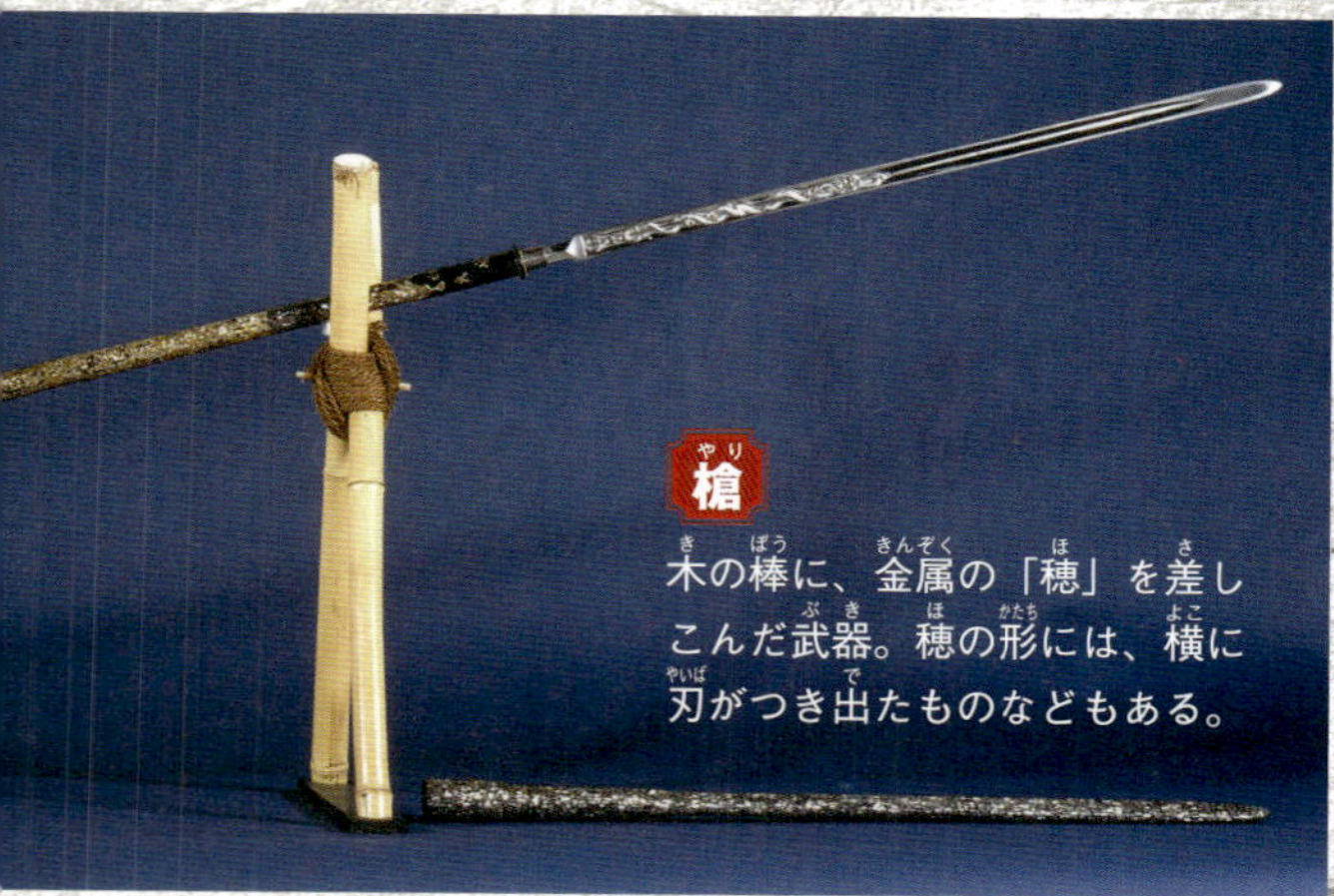

槍

木の棒に、金属の「穂」を差しこんだ武器。穂の形には、横に刃がつき出たものなどもある。

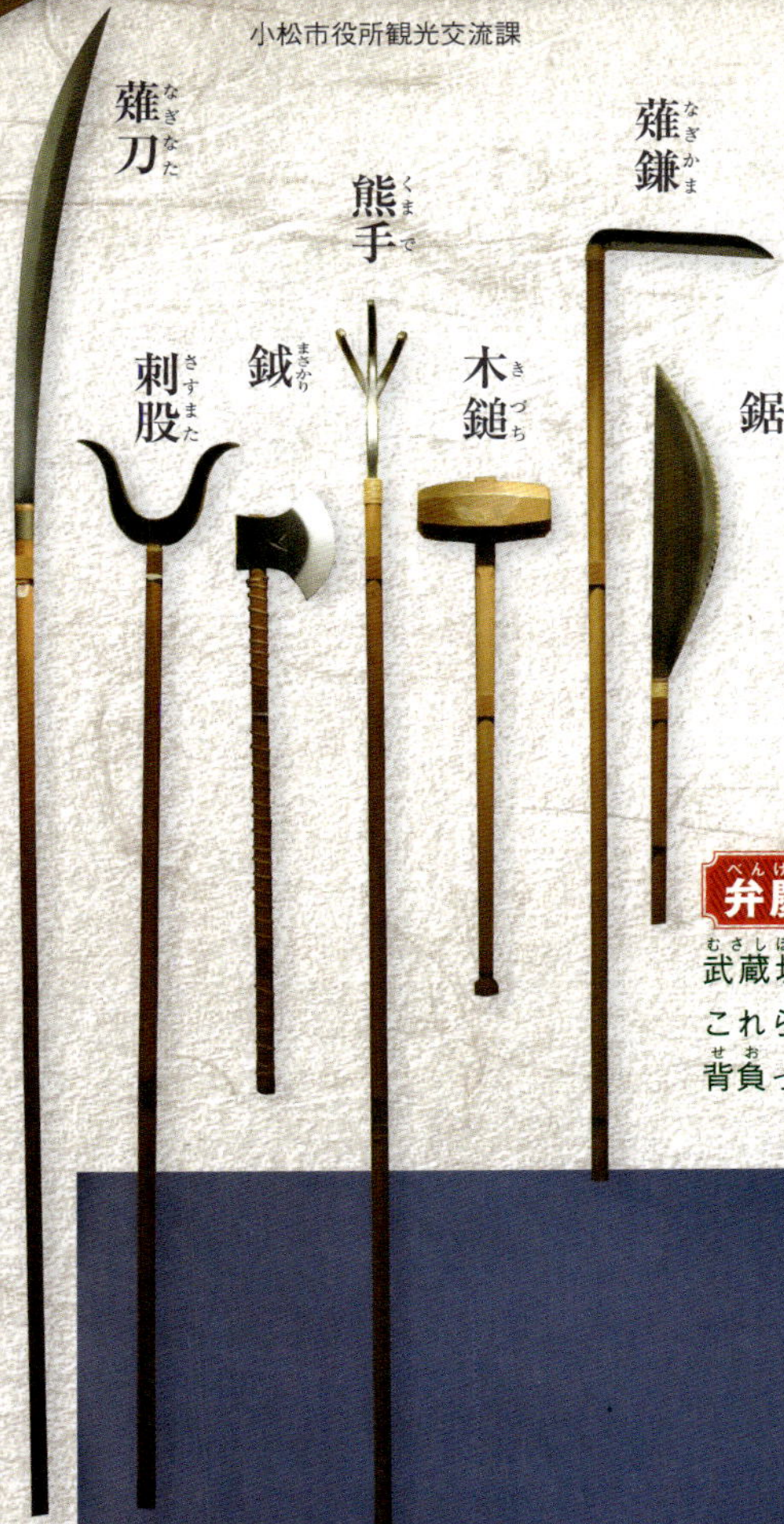

小松市役所観光交流課

PIXTA

弓（ゆみ）と矢（や）

9世紀末（せいきまつ）、武士（ぶし）が登場（とうじょう）してから、戦（たたか）いでよく使（つか）われた。

弁慶七（べんけいなな）つ道具（どうぐ）

武蔵坊弁慶（むさしぼうべんけい）は、これらを束（たば）ねて背負（せお）っていた。

福岡市博物館蔵／撮影者：要史康

もくじ

それぞれの時代の最強戦士132人をのせています。神話や伝説上の人物を含みます。

この本の見方

戦士のグループ分け

戦士として活躍した主な人物を選び、5つのグループに分けて構成しました。その中で神話や伝説上の神や人物は、「神話の戦士」マークをつけて区別しています。

戦士の想像画

姿や武器、背景、戦いの様子を、想像でえがいた絵。

戦士名

よび名がいくつかある場合は、代表的な名。

戦士の説明

戦士を簡単に説明した紹介文。

コラム

本文以外に、その戦士の人がらなどを表すエピソードが入っているところがあります。

キャッチフレーズ

絵の状況をわかりやすくするための言葉です。実際にその戦士が言った言葉とはかぎりません。

能力・人物像

戦士を6つの観点から5段階評価した一つの見方。人間にはそれぞれいろいろな面があるため、言い切ることはできません。「志」は、大きな目的に向かう気持ち、「技術」は武器の扱い方のテクニックの意味として用いています。また、その評価の理由となることがらを、簡単な文章にまとめています。

戦士データ

いくつか説がある場合は、代表的なものをのせています。「出生・最期」は、生まれた年と死んだ年を示します。「享年（死んだときの年齢）」は、数え年で表しています。数え年では、生まれた年が1歳で、以後1月1日がくるごとに年齢が増します。その戦士に活躍の拠点がある場合は、代表的な場所を城のマークなどで示しています。拠点が特にない場合は、主な活躍場所を赤丸で示しています。

このような本文ページのほかに、実際に戦地では戦わなかった人物や軍団は、別のページで紹介しています。また、武器図鑑、わんぱく自慢、がっかり情報などの記事も入れて、戦士をいろいろな角度からとらえられるようにしています。

第1部 最強！荒武者戦士の章

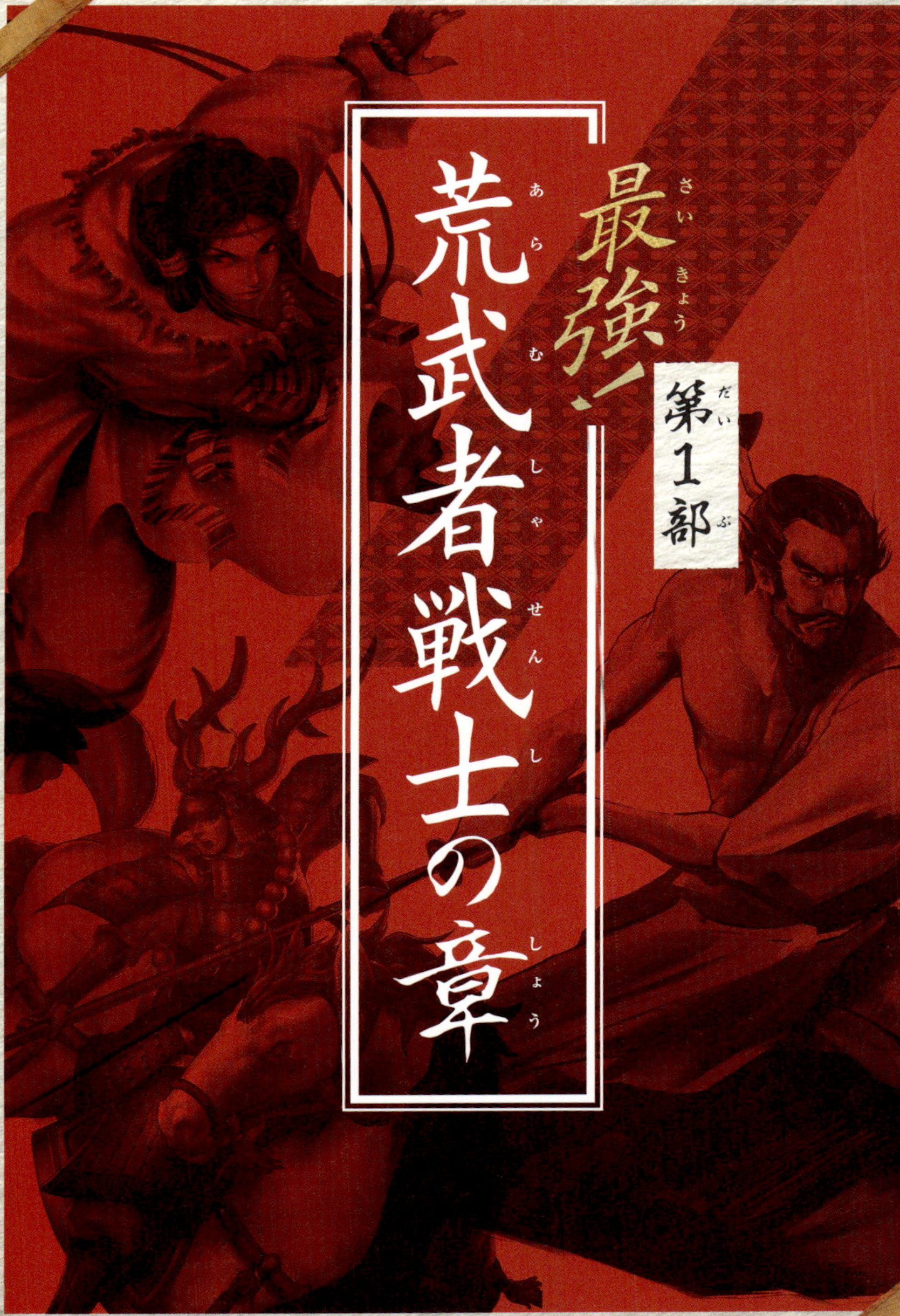

神話の戦士

ヤマトタケルノミコト

超人的な力をもつ軍神

ヤマトタケルノミコト

『古事記』『日本書紀』に登場し、朝廷の国土統一に活躍したと伝えられる伝説上の英雄。九州地方や東国の豪族をしずめたという。「古事記」では倭建命など、「日本書紀」では日本武尊と書く。

草薙剣で火炎もあやつる！

日本神話の神々の中で、最も勇敢で武力に優れていたというヤマトタケルノミコト。その力に恐れをなした天皇に、ヤマトタケルは戦場へ送り出された。

西国の九州でクマソタケル兄弟を討ち、出雲でイズモタケルを倒すと、次は東国の蝦夷との戦いを命じられた。

ヤマトタケルが東国へ向かう途中、伊勢神宮に立ち寄ると、ヤマトヒメノミコトから火打石の入った小袋と天叢雲剣を授けられた。

ヤマトタケルは敵地につくとだまされ、野原で火攻めにあった。ヤマトタケルの周りで燃え盛る炎。逃げ道はどこにもない。そこでヤマトタケルは天叢雲剣でさっと草むらをなぎ払う。さらに小袋の火打石を取り出して火を放つと、その火は一気に燃え広がった。炎は敵を焼き払い、ヤマトタケルは勝利した。それ以後、この剣は草薙剣といわれた。

ヤマトタケルノミコトは、軍神・武神などとして、多くの神社で祀られている。

蝦夷の軍事指導者
阿弖流為
蝦夷の地は、オレが守る！

古代、東北地方には、蝦夷とよばれる人々が住んでいた。ここに朝廷が支配を広げようとしてきたが、指導者の阿弖流為は反発した。朝廷は、紀古佐美を大将にした大軍を送ってきたが、阿弖流為はこれをたたきふせる。少数の兵での大勝利だった。当時、朝廷側はまっすぐな刀（直刀）を使っていたが、蝦夷たちは戦いやすい反った剣を使ったという。

しかし引き続き、大伴弟麻呂、続いて坂上田村麻呂が征夷大将軍になって攻めてきた。阿弖流為はついに降伏し、東北地方は朝廷の支配下に入った。

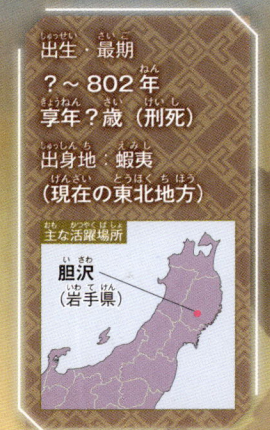

出生・最期
？～802年
享年？歳（刑死）
出身地：蝦夷
（現在の東北地方）

主な活躍場所

もうひとりの指導者の母礼と協力して対抗したが、敗れ処刑された。

手強い蝦夷の阿弓流為。三たび蝦夷制圧に向かったのは、大伴弟麻呂軍の副将軍だった坂上田村麻呂。彼はその後、征夷大将軍となった。筋骨隆々の大男だったが、笑うと子どももなつく優しさをもっていたという。

朝廷の争いを治めたこともある。知勇優れた武人の模範とされた。

蝦夷を倒した征夷大将軍

坂上田村麻呂

出生・最期
758～811年
享年54歳（病死）
出身地：大和？
（現在の奈良県）

主な活躍場所

紫波
胆沢
（岩手県）
京都

そんな田村麻呂が蝦夷を統治するなら民も安心と考えたのかもしれない。阿弖流為は降伏した。東北地方の朝廷支配をなしとげた田村麻呂は、阿弖流為とともに京都へ帰り、阿弖流為を許すように頼んだ。しかし貴族たちは「野性獣心*」と言い、阿弖流為は処刑されたのだった。

＊野性獣心…ここでは、野蛮な心は、簡単には変わらないという意味。

民のために妖魔を斬る！

出生・最期

948～1021年

享年74歳（病死）

出身地：不明

主な活躍場所

京都

頼光四天王を率いた武士

源頼光

平安時代、貴族の藤原道長に仕えた武士・源頼光。『平家物語』によると、ある日病で床に伏せていると、怪僧が現れ、縄で頼光をからめ取ろうとした。頼光は愛刀の膝丸ですばやく斬りつける。手応えはあったが、怪僧は逃げた。血の跡をたどっていくと、鬼の顔をもつ巨大な蜘蛛が現れた。それは糸をはいて旅人をからめ取って食うといわれる、妖魔土蜘蛛だった。これは放ってはおけない。頼光は激戦のすえ、討ち取った。その後、膝丸は蜘蛛切と名づけられた。

頼光は、その後も頼光四天王とよばれる勇猛な家臣を率いて、朝廷や民のために戦い、数々の武勇伝を残した。

武士団をまとめて朝廷の警護をしながら、政治にも参加した。

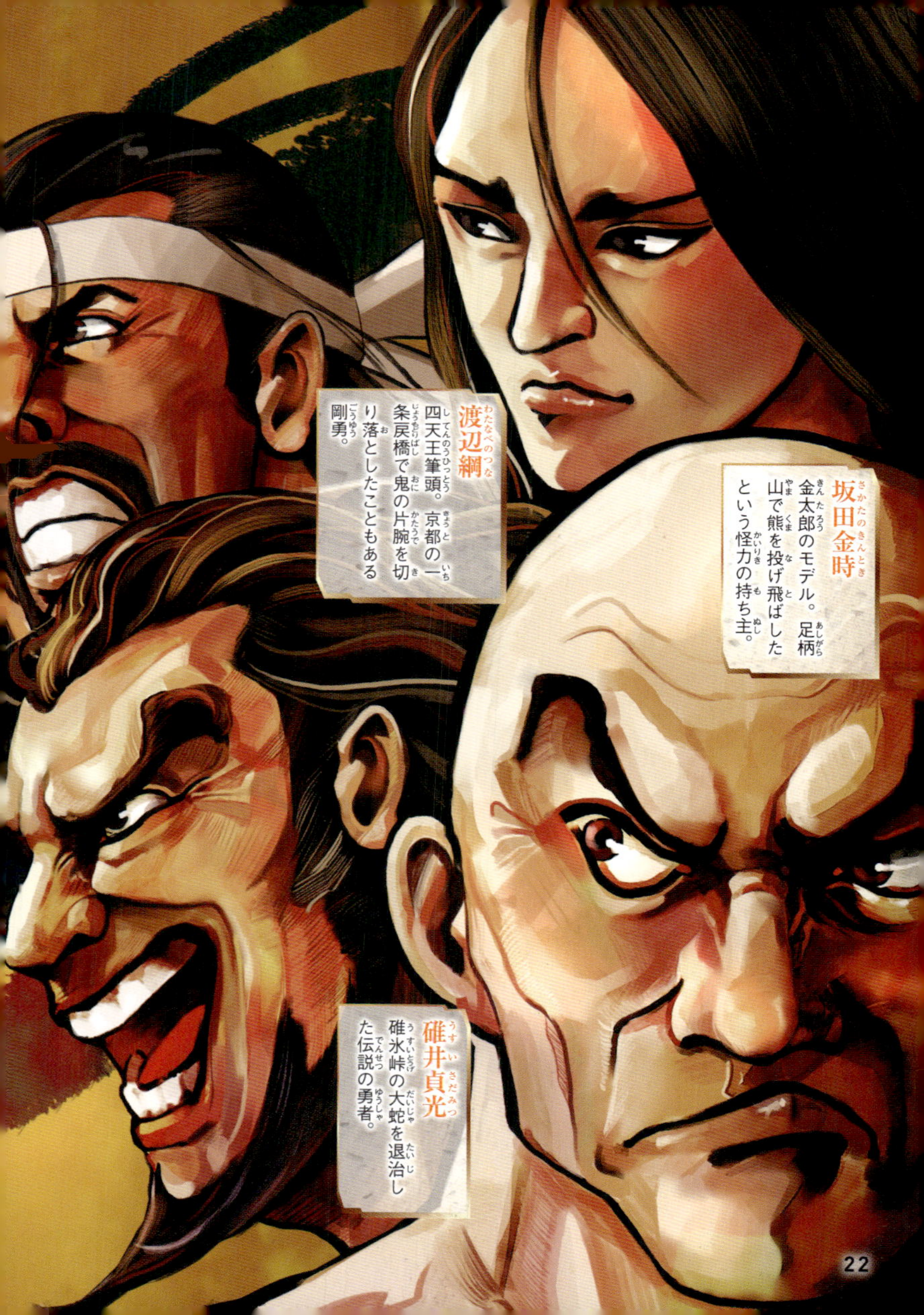
坂田金時
金太郎のモデル。足柄山で熊を投げ飛ばしたという怪力の持ち主。
渡辺綱
四天王筆頭。京都の一条戻橋で鬼の片腕を切り落としたこともある剛勇。
碓井貞光
碓氷峠の大蛇を退治した伝説の勇者。

卜部季武

『今昔物語集』では類まれなる度胸の持ち主とされる。弓が得意。

酒呑童子を退治した猛者

頼光四天王

千年ほど前の平安時代。酒呑童子という鬼の頭が大江山（京都府）にすみ、都を荒らしまわっていた。

源頼光とその四天王は、朝廷から酒呑童子退治の勅命を受けた。５人は行者を装い、酒呑童子を油断させ、毒酒を飲ませた。そして童子が酔いつぶれたとき、それぞれの得意技を生かして討ち取ったのだった。

化け物オロチを八つ裂きだ！

神話の戦士

オロチ退治をした戦士

スサノオノミコト

頭が8つ、尾が8本の化け物大蛇ヤマタノオロチに立ち向かったのが、スサノオノミコトだ。

老夫婦に聞くと、7人の娘がすでにオロチに食われ、8人目の美しいクシナダヒメだけが残っているという。怪力で暴れん坊のスサノオは、オロチに8つのつぼに入れた強い酒を飲ませた。そして酔ったところを、八つ裂きにしたのだった。倒したオロチの体内からは剣が出てきて、これは天叢雲剣と名づけられた。それはのちに、ヤマトタケルノミコト（14ページ）にさずけられた。

スサノオノミコト

太陽の神アマテラスの弟。高天原で乱暴をはたらいたため追い出され、地上に降りる。救ったクシナダヒメと結婚した。

大百足は私が倒す！

数々の武勇伝をもつ武士

藤原秀郷

俵藤太の名ももつ藤原秀郷。ある日、美しい娘から大百足を退治してほしいと頼まれた。実は娘のふだんの姿は大蛇で、竜神一族だという。大百足が一族を困らせているのだと聞き、秀郷は引き受けた。

しかし、山を七巻き半するほどの怪物。矢をどんなに放ってもこちらにどんどん迫ってくる。秀郷はふと百足が人間のつばに弱いという話を思い出し、つばをつけた矢を放った。大百足は眉間を射ぬかれ、ついに倒れたのだった。

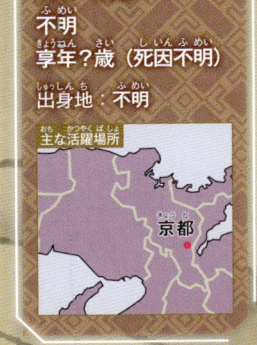

出生・最期
不明
享年？歳（死因不明）
出身地：不明

反乱を起こした平将門を討った。妖怪百目鬼を退治した伝説もある。

源為朝

剛勇無双の弓の名手

日本史上最強の射手！

無双（並ぶ者はない）強者として名高いが、知恵もかねそなえていた。

出生・最期
1139～1170年
享年32歳（自害）
出身地：摂津
（現在の大阪府と兵庫県の一部）

主な活躍場所

身長が2mをこえる弓の名手。源為朝の弓は、長さが2・5mあり、「5人張り」の弓とよばれていた。大人4人で弓を曲げ、他のひとりが弦を張るほど強い弓だった。そんな弓を引く為朝の左腕は、右腕より12㎝ほど長かったといわれる。

1156年の保元の乱で放った矢は、鎧も貫ぬく威力で的中率も抜群。敵ふたりを矢1本で串刺しにしたという。しかし戦いは敗れた。とらえられた為朝は、弓が引けぬよう腕の筋を切られたといわれ、伊豆大島に流された。

しかし腕の傷が治ると、3人張りの弓を引き、命中度をさらにあげたという。

義経の忠臣となった僧兵

武蔵坊弁慶

義経様には指一本ふれさせぬ！

出生・最期
？～1189年
享年？歳（戦死）
出身地：紀伊
（現在の和歌山県）

主な活躍場所

怪力で知られるが、義経を逃がすための知恵にも優れていた。

伝説では、弁慶が源義経（牛若丸）に出会ったのは、京都の五条大橋だった。少年義経に襲いかかるが、義経はひらりひらりと橋の欄干を飛び交い、薙刀は空を斬るばかり。弁慶は短刀で薙刀をたたき落とされ、降参した。

聞けば義経は、父のかたきの平家を討つために、ここまで武芸をみがいたという。弁慶は義経を尊敬し、家来になった。以後、義経とともに戦い、平家を滅ぼした。

ところがその後、義経は誤解から兄の頼朝に追われることになる。弁慶は義経を全力で守りながら、京都から奥州平泉（岩手県）の藤原秀衡のもとへ逃げた。しかし秀衡の子の泰衡は、義経をかくまうと頼朝に攻められるかもしれないとおびえた。そこで義経と弁慶一行が滞在している館を襲ったのだ。

いくら弁慶と義経が強くても、大軍には勝てない。「弁慶は先立ちます。あの世でまた会いましょう」。そう言った弁慶は、館の入り口に立ちふさがり、雨のように飛んでくる敵の矢を全身に受け、立ったまま死んだという。これは「弁慶の立ち往生」といわれ、語りつがれている。

弁慶は刀を集めていた

乱暴者で寺を追い出された弁慶は、武士を襲い、刀を奪っていた。ちょうど千本目に当たるとき、義経に出会ったのだった。

大手柄を立てて名を残す！

自分の活躍を絵に描かせるなど、しっかり自分を主張する武将だった。

元軍と奮戦した猛将

竹崎季長

1274年、元（中国の王朝）の大軍が攻めてきた。これを真っ向からむかえ撃った武将のひとりが竹崎季長だった。先陣を切って突っこみ、負傷しながらも戦果をあげた。

元はその7年後、再び攻めてきた。季長は再度出陣。敵船に飛び移り、積極的に戦った。

元軍は上陸をはばまれたうえ、ちょうど起こった暴風雨で軍船がしずんだため、退却したのだった。

季長は自分の手柄を必死に鎌倉幕府にうったえ、ほうびをもらった。

出生・最期
1246～？年
享年？歳（死因不明）
出身地：肥後
（現在の熊本県）

主な活躍場所

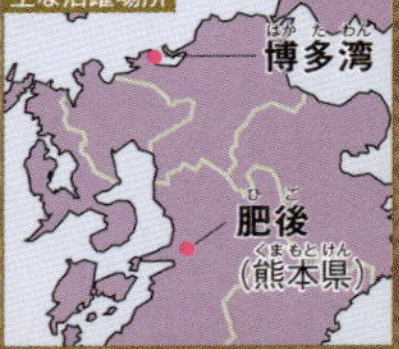

加藤清正

賤ヶ岳七本槍の名将

槍は折れても虎を倒す！

泣く子も黙る鬼将軍。槍の腕は豊臣秀吉の家臣で随一。朝鮮での戦いのとき、陣近くに大きな虎が現れ、兵を脅かした。そこで清正は虎を退治。あまりにも激しい戦いで、槍の刃が折れ、片十字の槍になったという。

体力
技術
志
知力
精神力
運

戦場での武功だけでなく、学問にも優れ、よい政治家でもあった。

出生・最期

1562～1611年

享年50歳（病死）

出身地：尾張（現在の愛知県）

主な拠点

熊本城
肥後（熊本県）

賤ケ岳七本槍筆頭 福島正則

突撃一番槍！

出生・最期
1561～1624年
享年64歳（病死）

出身地：尾張
（現在の愛知県）

主な拠点

柴田勝家軍との賤ケ岳（滋賀県）の戦いで、豊臣秀吉軍の一番槍として、突進。敵将を討ち取り、相手軍を震え上がらせた。賤ケ岳七本槍の筆頭と称えられた。その後も小牧・長久手（愛知県）の戦いなどに参加。百戦して敵に背中を見せたことがなかったという。

武勇に優れ、秀吉に忠実だったが、秀吉の死後は石田三成と対立し、関ケ原の戦いでは東軍に属した。

前田利家

信長、秀吉に仕えた槍の又左

オレの槍をなめるんじゃねえええ！

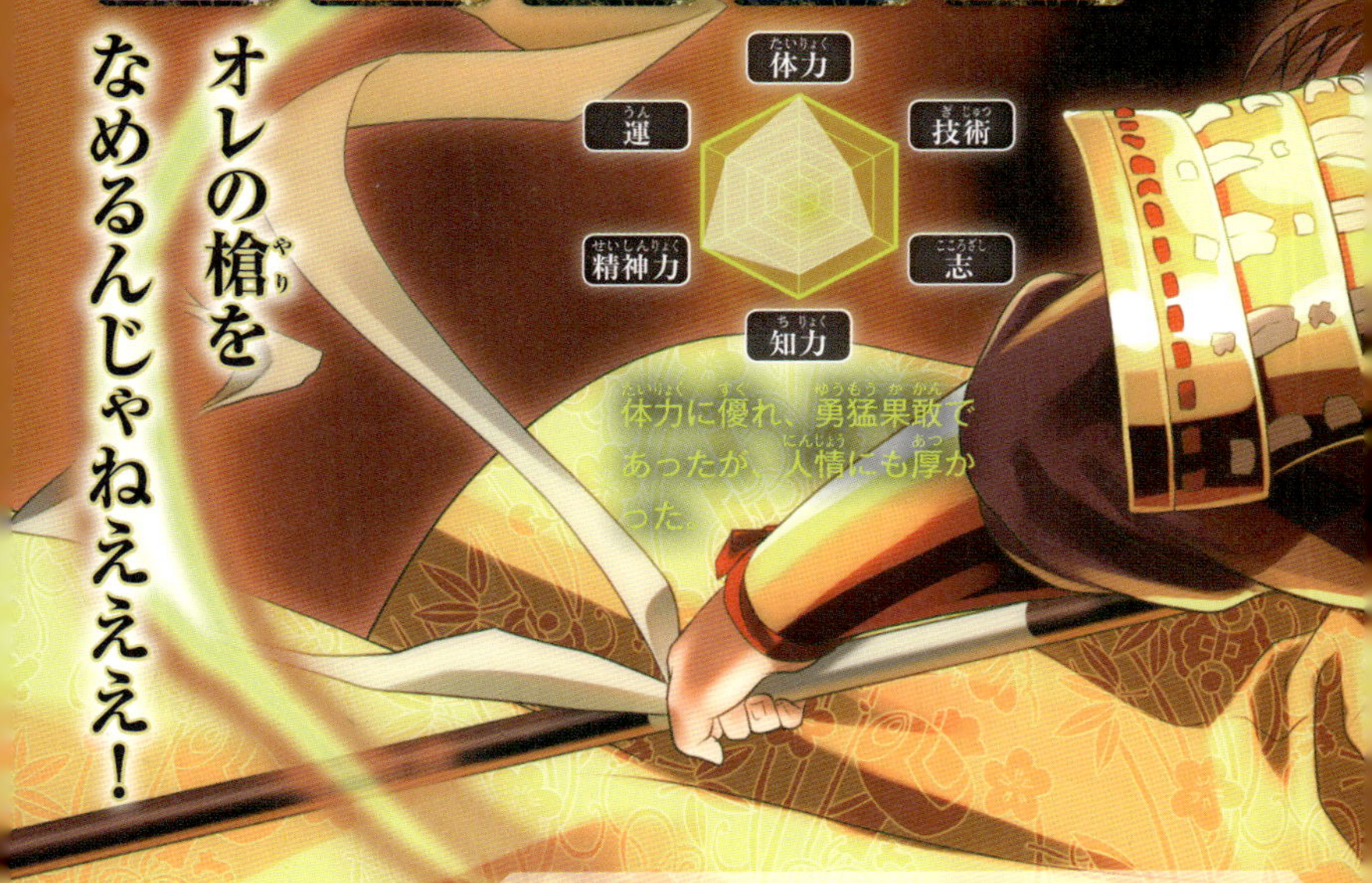

体力に優れ、勇猛果敢であったが、人情にも厚かった。

前田又左衛門利家は、槍の名手。〝槍の又左〟とよばれた。身長が180㎝をこえ、当時では大男だった。派手な格好を好み、〝かぶき者〟ともよばれた。織田家内で稲生（愛知県）の戦いが起こると、19歳の利家は信長について戦った。右目の下を矢で射抜かれても、ひるまずに矢がささったまま、槍で相手を討ち取った。

その後も利家は、信長の天下統一のために多くの戦いで活躍した。豊臣秀吉とも親しく、本能寺の変で信長が死んだ後は、秀吉を支え続けた。

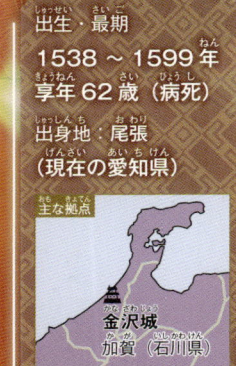

出生・最期
1538～1599年
享年62歳（病死）
出身地：尾張
（現在の愛知県）

石田三成の猛将参謀

島左近

劣勢をはねのける鬼神の暴威！

島左近は石田三成の参謀。自分に武力が欠けていることを知っている三成から、いっしょに戦ってほしいと、頼みこまれたのだ。豊臣家の繁栄を第一に考える三成の気持ちに心打たれた左近は、以後、三成を全力で支えた。

そんな三成が、大物・徳川家康を敵に回し、関ケ原の戦いをしかけた。むちゃな戦いともいわれたが、西軍の三成側についた左近は突撃した。その迫力たるやすさまじく、左近に負傷させられた兵士は、その後も夢に鬼神のような左近が現れ、うなされたという。しかし西軍は敗勢。三成には秀吉の子・秀頼を助ける任務があるため、左近は楯となって三成を逃がした。左近は東軍の銃撃を受け、戦死した。

参謀としても優秀で、約20歳年下の三成を支え続けた。

出生・最期
1540 ～ 1600 年
享年 61 歳（戦死）
出身地：大和
（現在の奈良県）

尼子三傑　尼子十勇士筆頭

山中鹿介

一騎打ちなら負けはせぬ！

体力
技術
志
知力
精神力
運

強い精神力と武力の持ち主だったが、毛利氏に敗れ去った。

出生・最期
1545? ～ 1578年
享年34歳?（謀殺）

出身地：出雲
（現在の島根県）

主な拠点

月山富田城
出雲（島根県）

少年期から尼子氏に仕え、毛利氏一門との戦に加わっていた山中鹿介は、山陰の麒麟児とよばれ、期待された。伯耆尾高城（鳥取県）での戦いで、鹿介は期待にこたえる。豪傑で知られる菊池音八と一騎打ちをして、みごと討ち取ったのだ。

さらに吉川元春らとの戦いでは、高野監物を一騎打ちで討ち取り、毛利氏の出雲征服戦では、猛将品川将員に、またも一騎打ちで勝利した。

ところが尼子氏は、鹿介の奮戦むなしく毛利氏に滅ぼされた。再興をちかい、兵をあげた鹿介であったが、失敗に終わる。最期は毛利軍につかまり、殺された。

伊達政宗の重臣〝勇武無双〟

伊達成実

出生・最期

1568～1646年

享年79歳（病死）

出身地：陸奥

（現在の福島県）

主な拠点

亘理城

陸奥（宮城県）

後ろへは引かぬ！

伊達政宗の忠実な家臣であり、友であった。百足をあしらった兜がトレードマーク。百足は後ずさりできないことから、「決して後ろに引かぬ」決意を示したものだった。

人取橋（福島県）の戦いで、政宗軍は兵力の面で圧倒的に不利だった。そのため佐竹義重らの連合軍に本陣を攻めこまれ、大ピンチにおちいる。そこにかけつけたのは、20～30程度の兵を率いた成実だった。成実は佐竹軍の攻撃を真っ向から受ける。そして政宗が逃げる時間を作り、さらに政宗の乗る馬を扇で打って追い上げたのだ。政宗は逃れ、伊達軍は危機を脱したのだった。

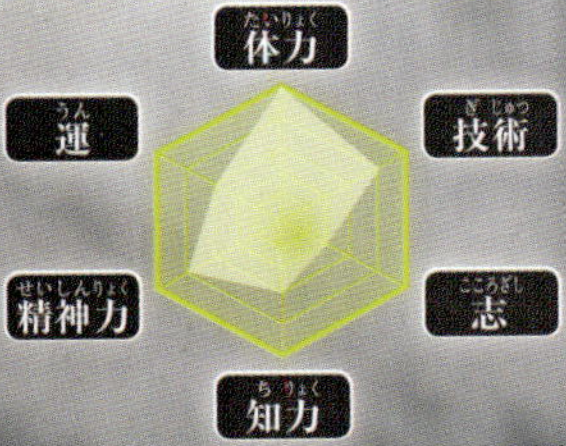

勇武無双（勇猛さで並ぶ者はいない）といわれ、情にも厚かった。

武勇一番の徳川四天王

本多忠勝

出生・最期

1548～1610年

享年63歳（病死）

出身地：三河

（現在の愛知県）

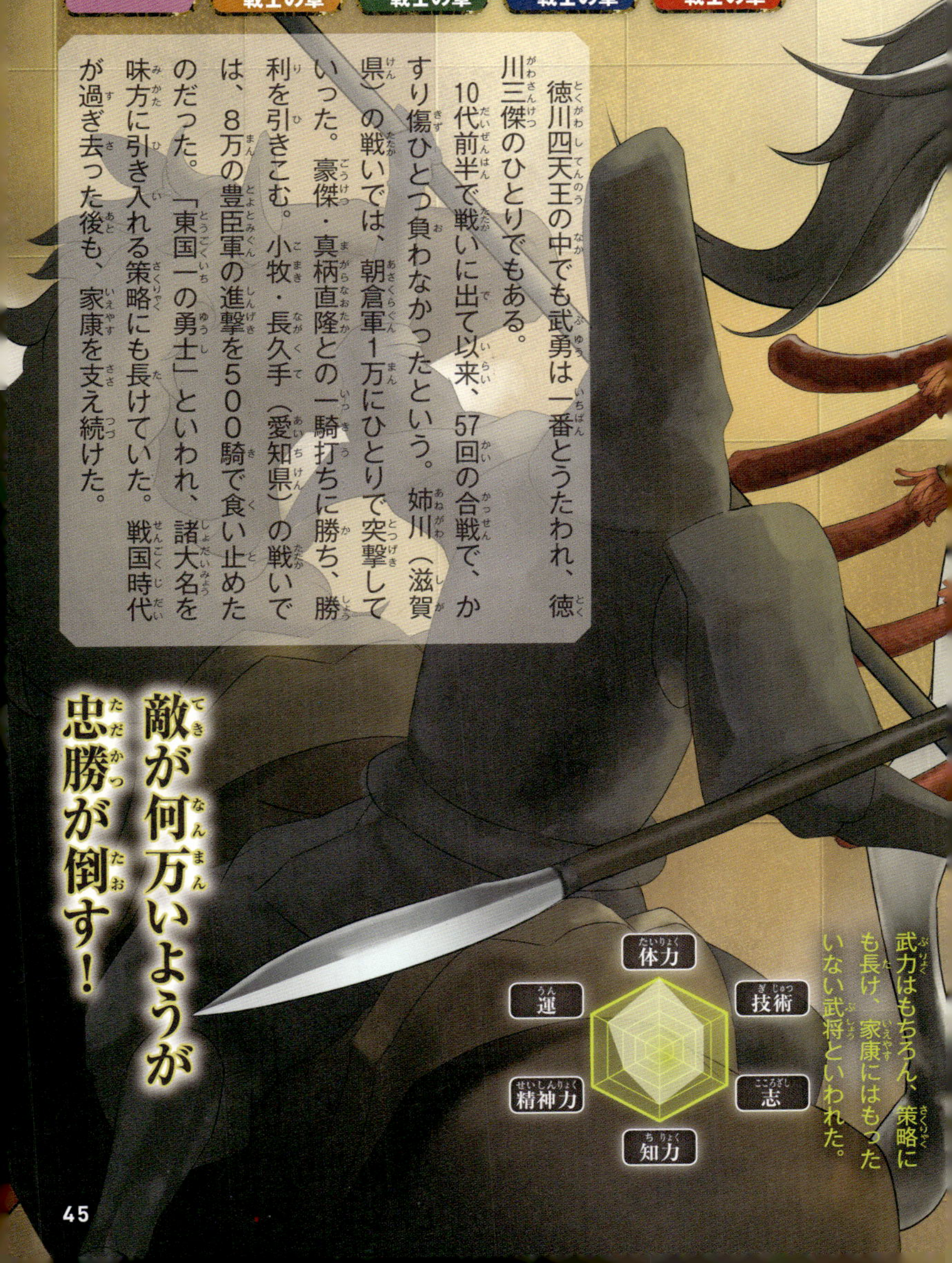

徳川四天王の中でも武勇は一番とうたわれ、徳川三傑のひとりでもある。

10代前半で戦いに出て以来、57回の合戦で、かすり傷ひとつ負わなかったという。姉川（滋賀県）の戦いでは、朝倉軍1万にひとりで突撃していった。豪傑・真柄直隆との一騎打ちに勝ち、勝利を引きこむ。小牧・長久手（愛知県）の戦いでは、8万の豊臣軍の進撃を500騎で食い止めたのだった。「東国一の勇士」といわれ、諸大名を味方に引き入れる策略にも長けていた。戦国時代が過ぎ去った後も、家康を支え続けた。

敵が何万いようが忠勝が倒す！

武力はもちろん、策略にも長け、家康にはもったいない武将といわれた。

赤備えの徳川四天王

井伊直政

関ケ原は〝赤鬼〟が先鋒だ！

徳川四天王のひとり。強い軍隊を率い、鎧兜などの装備を赤で統一した。その軍団は〝井伊の赤備え〟、直政自身は〝井伊の赤鬼〟とよばれ、恐れられた。関ケ原の戦いでは、先鋒（最初の攻撃部隊）が福島正則と決まっていたが、それを出しぬいて直政が発砲し、戦いの火ぶたが切られた。命令無視であったが、家康は直政を罰しなかったという。

直政は長槍で敵を蹴散らし奮闘したが、島津義弘を追うとき銃弾を受けて落馬。この傷がもとで2年後に病死した。

出生・最期

1561 ～ 1602年
享年42歳（病死）

出身地：遠江
（現在の静岡県）

武力に長けていただけでなく、政治能力も高く、家康をよく支えた。

真田日本一の兵

真田幸村

家康目がけて一気に行くぜ!

出生・最期
1567～1615年
享年49歳（戦死）
出身地：信濃
（現在の長野県）

大坂の陣での決死の戦いぶりで、「日本一の兵」と、名を轟かせた。

幸村の本名は信繁。父・昌幸に比べ、無名の戦士だったが、大坂の陣で大活躍した。1614年の冬、徳川家康が豊臣家を滅ぼそうと、大坂城へ大軍を送ってくると、幸村は真田丸という出城を築き、鉄砲隊で徳川軍を蹴散らした。

翌年の夏の陣では、豊臣5万に対し徳川15万という兵力の差だった。突撃しかない。家康本陣近くの茶臼山に陣を構えた幸村は、真田の赤備えを率い、家康目がけて突っこんだ。護衛の兵を次々倒して迫り来る幸村を見て、家康は死を覚悟したというが、幸村は大軍の前に一歩届かなかった。力つきた幸村は討ち取られ、豊臣家は滅んだ。

島津豊久

島津家を救った勇将

出生・最期

1570～1600年

享年31歳（戦死）

出身地：薩摩

（現在の鹿児島県）

ここが死に場所！ 島津のために…！

関ケ原の戦いで、西軍の島津豊久とおじの義弘は、絶体絶命のピンチにおちいった。西軍の敗北が決定的になり、島津軍は孤立してしまったのだ。

父のようにしたう義弘が「もはや、これまで」と、自害しようとするのを、豊久は止める。「死んではなりません。薩摩へ帰るのです！」

義弘を奮い立たせて、敵の本陣を突っ切らせる。豊久はその最後を守った。迫る敵を引きつけての厳しい迎撃戦。義弘は無事逃げることができたが、豊久は力つき、壮絶な最期をとげた。

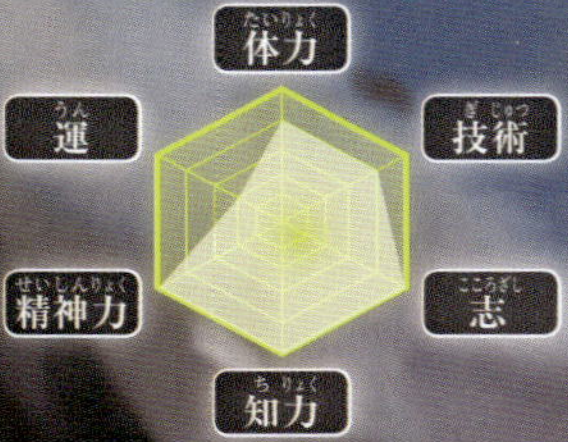

知勇優れた美青年だったという。自分よりも島津のことを大切に考えた。

猛将・柴田勝家を支えた〝鬼玄蕃〟

佐久間盛政

戦での手柄は数々あるが、賤ヶ岳での性急な行動で失敗した。

秀吉の配下にはならぬ！

大男の佐久間盛政は、織田信長に仕える猛将だったが、信長の死後は、自分のおじである猛将・柴田勝家に仕えた。盛政は玄蕃允という地位にいたため「鬼玄蕃」と恐れられた。

勝家と豊臣秀吉が戦う賤ケ岳（滋賀県）の戦いに出た盛政は、秀吉が美濃の別部隊を攻めに向かっているすきをつき、秀吉軍の中川清秀の砦を猛攻。そして強敵の清秀を討ち取ったのだ。

しかし、さらに攻めこもうと深入りして失敗。引き返してきた秀吉の攻撃にあい、生けどりにされた。秀吉に「配下になれば命を助ける」といわれたが、盛政はこれを拒否。武士の誇りか、秀吉の情けを受けることをきらい、処刑された。

出生・最期
1554～1583年
享年30歳（刑死）
出身地：尾張
（現在の愛知県）

主な拠点
御器所西城
尾張（愛知県）

主を10人以上変えた猛将

藤堂高虎

今の主に命をかける!

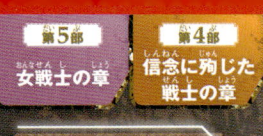

出生・最期
1556～1630年
享年75歳（病死）
出身地：近江
（現在の滋賀県）

主な拠点

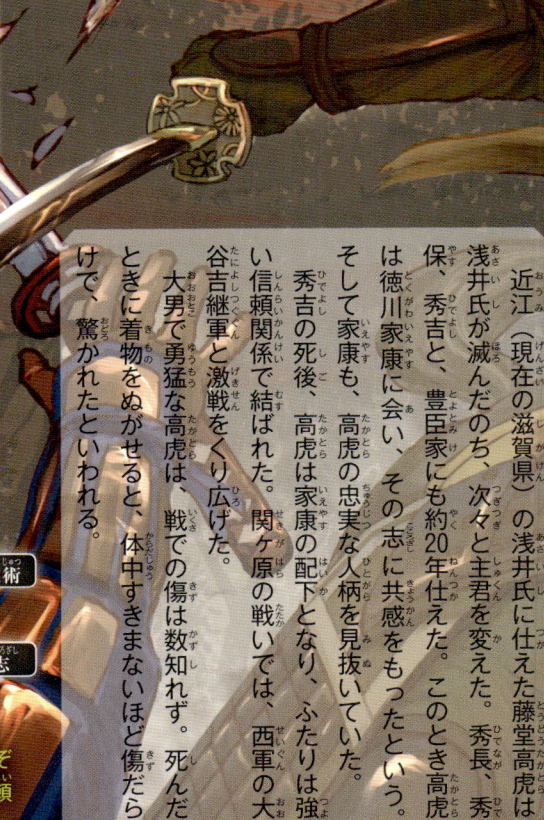

近江（現在の滋賀県）の浅井氏に仕えた藤堂高虎は、浅井氏が滅んだのち、次々と主君を変えた。秀長、秀保、秀吉と、豊臣家にも約20年仕えた。このとき高虎は徳川家康に会い、その志に共感をもったという。そして家康も、高虎の忠実な人柄を見抜いていた。秀吉の死後、高虎は家康の配下となり、ふたりは強い信頼関係で結ばれた。関ケ原の戦いでは、西軍の大谷吉継軍と激戦をくり広げた。大男で勇猛な高虎は、戦での傷は数知れず。死んだときに着物をぬがせると、体中すきまないほど傷だらけで、驚かれたといわれる。

主人を変えても、それぞれの主人に忠実で、信頼される人物だった。

わんぱく自慢 1

戦士の少年少女時代

牛車を倒して大暴れ

源為朝

少年期、けんかに明けくれて手のつけられない暴れん坊だったという源為朝は、4歳のとき、貴族の乗った牛車を引っくり返したという強者。危険を感じた父は、13歳の為朝を九州へ追いやったが、その3年後、暴れ回ったすえ、九州を制圧してしまったという。

町に火を放った

織田信長

戦国大名の子だが、町の子と遊び回っていた織田信長は、おかしな格好でおかしな行動をとり、大うつけ（ばか者）とよばれていた。父の主君で父が対立していた織田信友の城下町に、とつぜん火を放ち、父をあわてさせたこともあった。

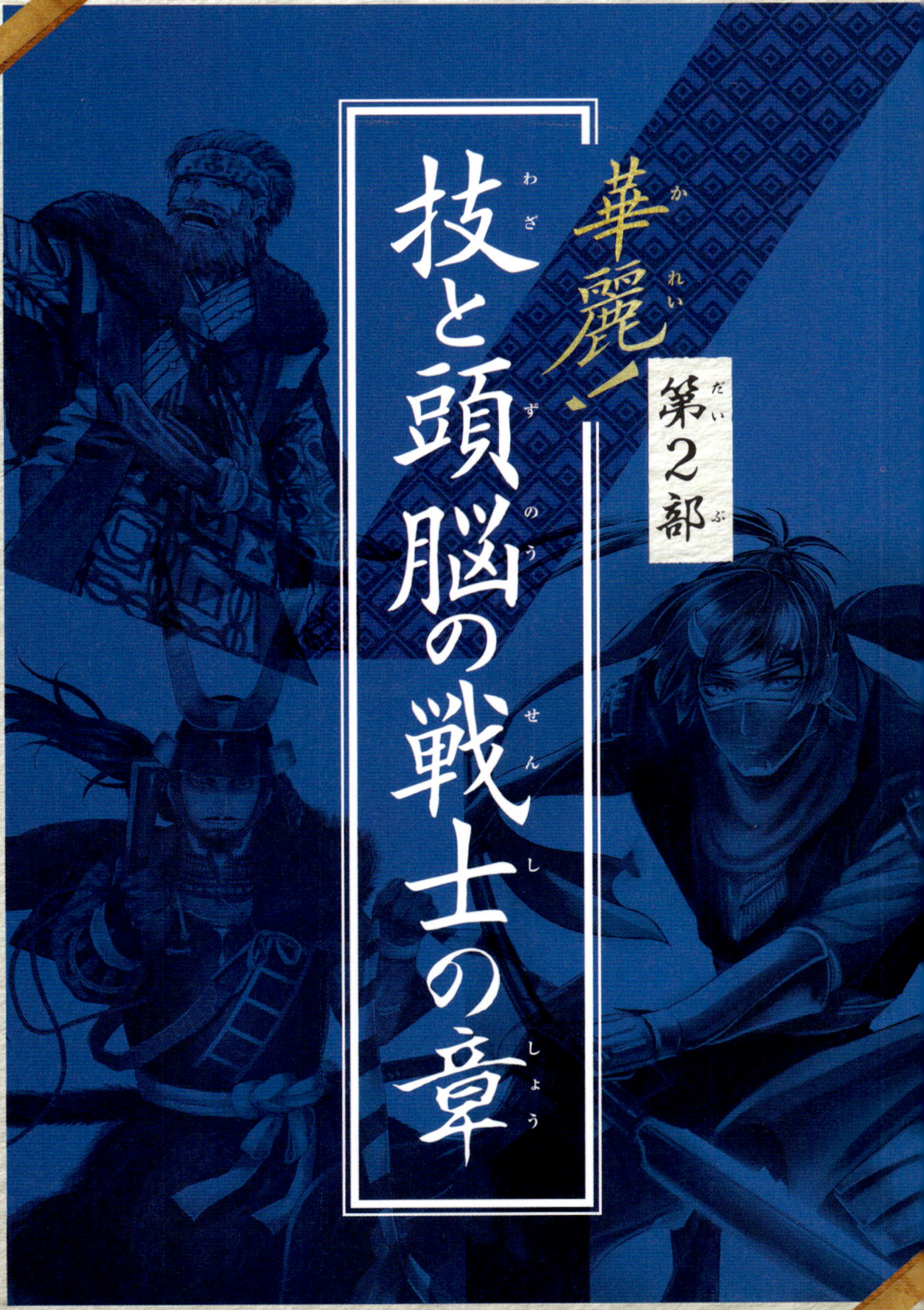
華麗！
第2部
技と頭脳の戰士の章

平家を滅ぼした若武者
源義経

鵯越を電光石火の急降下！

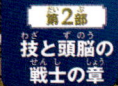

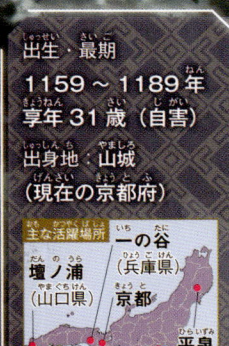

出生・最期
1159～1189年
享年31歳（自害）
出身地：山城
（現在の京都府）

強い心で武術を身につけたが、兄と心が通じ合わず若くして死んだ。

1180年、兄・源頼朝が、平家打倒の兵をあげた。「平清盛に敗れて死んだ父のかたきを討つときがきた」。平泉（岩手県）に身をかくしていた義経は、鎌倉の頼朝のもとへかけつけた。

遠征軍の指揮を任された若き義経は、平家を西へ西へと追いつめる。一の谷（兵庫県）に陣取る平家に対し、義経は背後のけわしい山から奇襲をかけた。鵯越とよばれる急斜面を馬でかけ下り、平家を大混乱におとしいれたのだ。逃げる平家をさらに追う。壇ノ浦（山口県）では海上戦になった。義経は、船から船へ飛び移る八艘飛びで攻撃をかわし、勝利をひきこんだ。

平家を滅ぼした義経であったが、その後、頼朝との仲が悪化して平泉に逃れ、自害に追いこまれる悲劇となった。

源氏と平氏の屋島（香川県）の戦いでのこと。平氏の船に女性が現れ、扇をさおにはさんで立てた。「この的を射てみよ」というのだ。大役を担ったのが那須与一。弓の名手だった。平氏に試されているのだ。ここで失敗しては源氏の恥。しかし扇の的は、海の波とともに上下に揺れている。距離は80mほどだろうか。与一は目を閉じて神に祈る。気持ちが集中した。

目を開いて放つと、矢はみごと的中し、扇は空へ舞い上がった。平氏は感動して船べりをたたき、源氏は矢を入れたえびらをたたいて喜んだ。

出生・最期
不明
享年？歳（死因不明）
出身地：下野
（現在の栃木県）

主な活躍場所

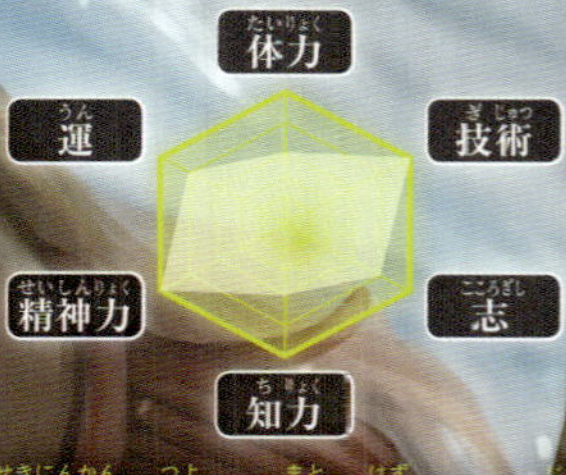

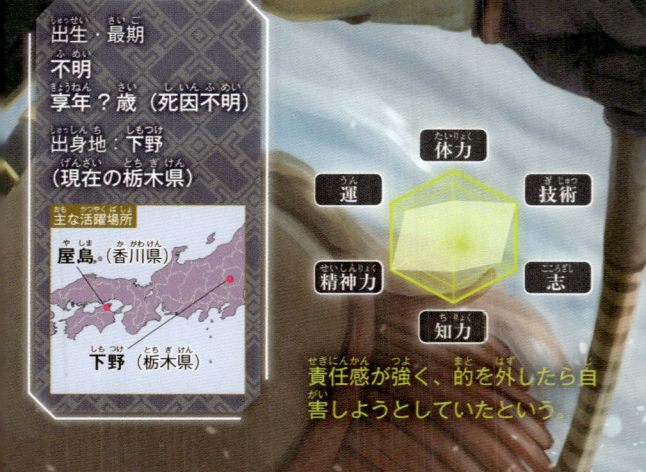

責任感が強く、的を外したら自害しようとしていたという。

那須与一

扇の的を射た弓の名手

“日本人の鑑”と称えられた武将
楠木正成
この命つきるとも、
戦うは今！

「鎌倉幕府を倒し、天皇中心の政治を行う」。そんな後醍醐天皇に従った武士の大将が楠木正成だった。幕府の大軍を相手に、上から熱湯や糞尿、大木などを投下するゲリラ戦を指揮。各地で武士が立ち上がり、鎌倉幕府は滅亡した。

ところが後醍醐天皇が行ったのは、身勝手な政治だった。武士の不満は高まり、足利尊氏を中心に多くの武士が天皇から離れていった。正成は天皇に、尊氏と仲直りしていっしょに政治を行うようにすすめたが、天皇は聞き入れず、逆に正成に尊氏を討つよう命じた。正成は仕方なく従い、尊氏と激戦をくり広げたが、敗れ、戦死した。

天皇に忠実だったことから、のちに忠臣と称えられた。

出生・最期
1294?～1336年
享年43歳？（戦死）
出身地：河内
（現在の大阪府）

主な活躍場所

天皇中心の政治が行われた明治時代、正成は日本人の鑑と称えられた。

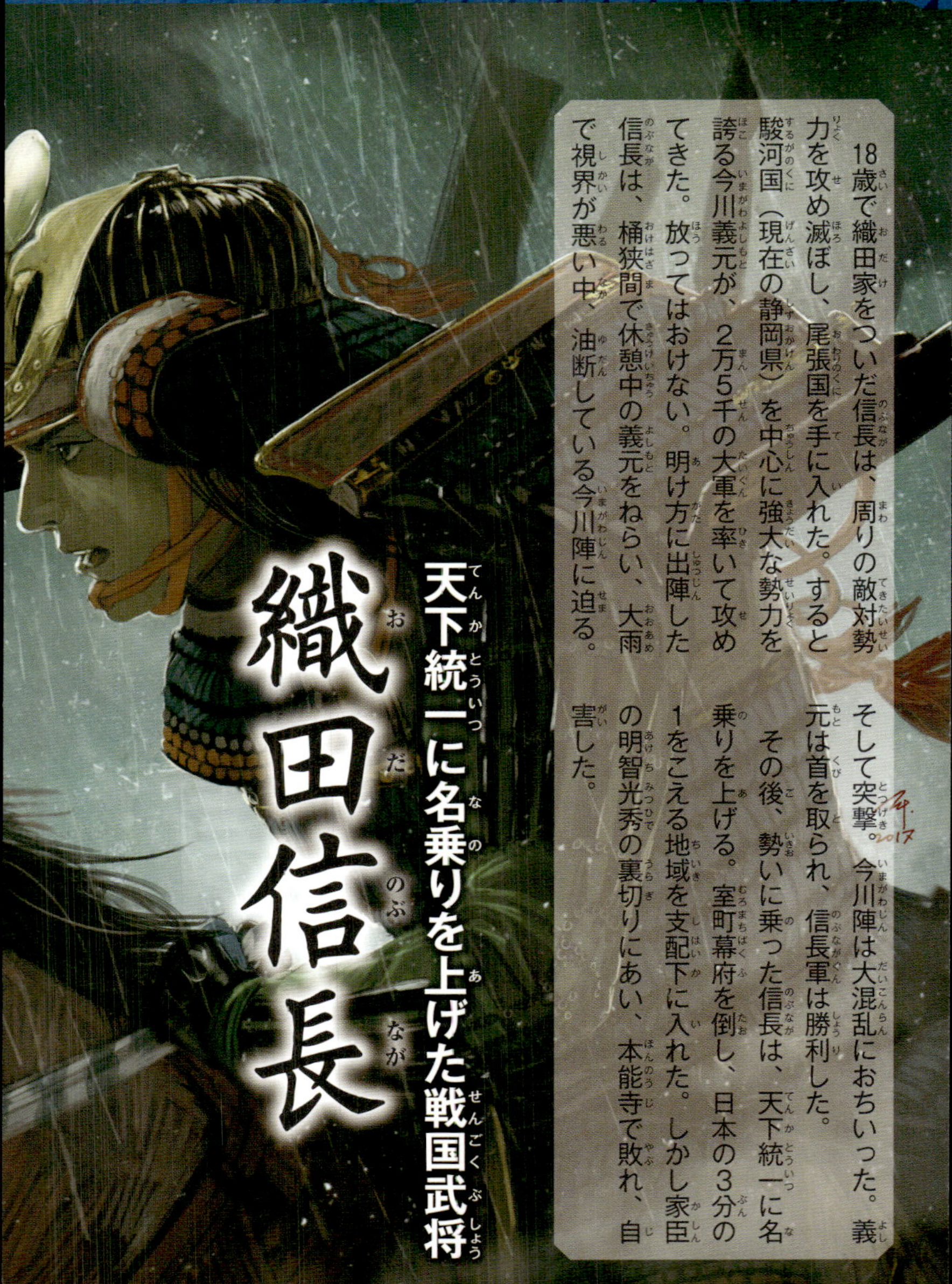

織田信長

天下統一に名乗りを上げた戦国武将

18歳で織田家をついだ信長は、周りの敵対勢力を攻め滅ぼし、尾張国を手に入れた。すると駿河国（現在の静岡県）を中心に強大な勢力を誇る今川義元が、2万5千の大軍を率いて攻めてきた。放ってはおけない。明け方に出陣した信長は、桶狭間で休憩中の義元をねらい、大雨で視界が悪い中、油断している今川陣に迫る。そして突撃。今川陣は大混乱におちいった。義元は首を取られ、信長軍は勝利した。

その後、勢いに乗った信長は、天下統一に名乗りを上げる。室町幕府を倒し、日本の3分の1をこえる地域を支配下に入れた。しかし家臣の明智光秀の裏切りにあい、本能寺で敗れ、自害した。

出生・最期
1534 ~ 1582 年
享年 49 歳（自害）
出身地：尾張
（現在の愛知県）

主な拠点

強敵は奇襲で倒す！

決断力や行動力に優れていたが、残酷な面もあり、敵が多かった。

上田城で徳川軍を２度破り、家康を恐れさせた戦略家だった。

徳川軍を大敗させた知将

真田昌幸

真田家は武田家の家臣であったが、武田氏が滅亡し、織田信長が本能寺で死んだ後は、豊臣秀吉の配下になった。そして秀吉が死ぬと、昌幸は息子の幸村（信繁）とともに、石田三成につき、徳川家康と対立した。

関ケ原の戦いを前にし、昌幸は幸村とともに上田城（長野県）にこもる。中山道を通って関ケ原に向かう家康の息子の秀忠軍3万8千は、その途中で上田城に攻撃をしかけた。それに対して昌幸軍は2千。数で不利な昌幸は、あちこちにしかけをつくった。そして敵を城下に誘いこみ、奇襲をかけたのだ。

深追いしてきた徳川軍に、待ち構えていた鉄砲隊がいっせい射撃をしかけると、徳川軍はあわてふためいて逃げ出した。大敗した秀忠軍は、悪天候も重なり、関ケ原の戦いに間に合わなかった。

出生・最期
1547～1611年
享年65歳（病死）
出身地：信濃
（現在の長野県）

主な拠点

作戦をスパイする忍者の活躍

人に知られないように行動することを〝忍ぶ〟という。忍者とは、敵に知られずに情報や作戦を盗むスパイだ。大きな戦いには、なくてはならない存在だった。

いつからいたの？

1400年ほど前からいたといわれるけど、15世紀後半の戦国時代から、活躍が目立ってきたよ。

どこにいたの？

日本各地にいたけれど、伊賀(三重県)、甲賀(滋賀県)の忍者が有名だよ。その一部を下の地図に示したよ。

1	黒脛巾組	伊達政宗が組織した忍者。
2	風魔党	北条氏の忍者。
3	透破	武田氏から、森長可、真田昌幸・信之に仕えた忍者。
4	軒猿	上杉謙信に仕えた忍者。
5	偸組	加賀藩に仕えた忍者。
6	伊賀	依頼のあった武将に仕えた忍者。
7	甲賀	織田信長、豊臣秀吉らに仕えた忍者。
8	鉢屋衆	尼子氏の忍者。

＊地図では、拠点の一部を示しています。

1

どんな城でも落とす？

伊賀忍者の伊賀崎道順は、忍びこめばどんな城でも落とすといわれた優秀な忍者。六角氏が手こずった百々氏攻めのとき、忍びこんだ沢山城で変装術を使って敵を混乱させ、その日のうちに城を落としてしまったという。

2

優秀すぎて殺された！

加藤段蔵は、忍者としてあまりにも優秀な上に、牛を丸飲みにするなどの妖術も使えたという。最初に仕えた上杉謙信から危険視され、次に仕えた武田信玄のところでも怖がられ、暗殺されてしまった。

3

初代服部半蔵は忍者だった！

二代目服部半蔵（73ページ）は、本名を正成といい武士だが、父保長は忍者だった。伊賀忍者服部家のリーダーは、代々半蔵を名乗るが、正成は二代目半蔵で父が初代半蔵だ。半蔵正成は、伊賀忍者たちを戦士として率いて活躍した。

名将同士の激突！
―風雲川中島―

越後の龍
上杉謙信

上杉謙信
(1530～1578年)

越後（現在の新潟県）の戦国武将。軍事の才能があり、勇猛なだけでなく、人情にも厚かった。

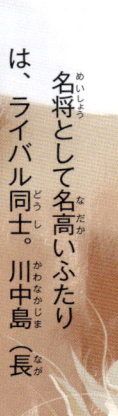

名将として名高いふたりは、ライバル同士。川中島（長野県）で5回対戦したが、勝負がつかなかった。もっとも激しく、しかも一騎打ちを行ったとされるのが4回目の合戦。武田信玄の作戦を上杉謙信が見破り、早朝突然本陣に襲いかかったのだ。謙信は切りこむ。信玄は軍配で受ける。激しい応酬が続くが、そこに信玄の応援部隊がかけつけ、引き分けに終わった。

そんな信玄が病死したとき、その知らせを謙信は、食事中に聞いた。思わずはしを落とし、「おしい英雄をなくした」とむせび泣いたという。

甲斐の虎 武田信玄

武田信玄
（1521～1573年）

甲斐（現在の山梨県）の戦国武将。武勇に優れた上に、情にも厚い。領民にしたわれ、甲斐は大いに栄えた。

それ残念〜！戦士がっかり情報 1

イケメンではなかった？

源義経

源義経（58ページ）を主人公にした『義経記』には、女性とまちがうほどの美男子と書かれている。しかし平家の立場で書かれた『平家物語』には、そうは書かれていない。才能があるのに非業の死をとげた義経は、のちの人に美化されたのかもしれない。いろいろなとらえ方ができる、それが「歴史」なのだろう。

小刀で指をケガして死を予感？

本多忠勝

生涯57戦して、かすり傷ひとつ負わなかった本多忠勝（44ページ）だが、小刀で持ち物に名前をほりつけていると き、手元がくるって、指をケガしてしまったという。それが死の数日前。忠勝は「おれもケガをするようになったら終わりだ」とつぶやいたというが、本当に病死してしまった。

大槍づかいの 服部半蔵

伊賀魂で家康をまもる！

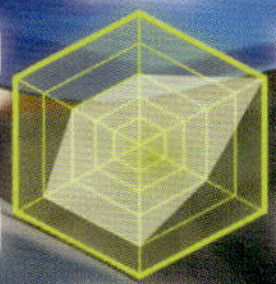

槍づかいとして凄腕をもち、さらに忍びのリーダーとしても活躍。

二代目半蔵の正成は、槍を得意とし、「鬼半蔵」といわれた勇将。本能寺の変ののち、織田信長の同盟者の徳川家康もねらわれた。主のピンチだ。半蔵は伊賀や甲賀の忍者たちを集め、堺（大阪府）にいた家康を、無事に地元の三河（愛知県）へ導くという大手柄を立てた（伊賀越え）。

出生・最期
1542 ~ 1596年
享年55歳（病死）
出身地：三河
（現在の愛知県）

榊原康政

“徳川四天王”“徳川三傑”

徳川家康に信頼され、名前の康の字は、家康からもらったものだった。

名将キラーここにあり！

力よりも、統率力や機敏さに秀でていた。豊臣秀吉との小牧・長久手（愛知県）の戦いでは、秀吉の甥・秀次軍を粉砕。森長可、池田恒興といった名将を討ち取った。

出生・最期
1548～1606年
享年59歳（病死）

出身地：三河
（現在の愛知県）

主な拠点

館林城
上野（群馬県）

"徳川四天王"筆頭 酒井忠次

頼れる戦上手！

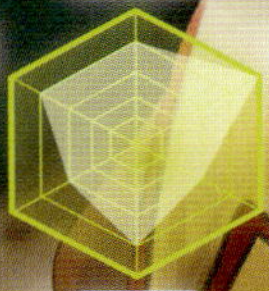

戦上手だが、家康の子・信康の命を救えず、心の弱い面もあった。

出生・最期
1527～1596年
享年70歳（病死）
出身地：三河
（現在の愛知県）

主な拠点

徳川家康を支えた徳川四天王のトップ。主な戦いにはすべて参加。なかでも長篠の戦いでは、武田軍の砦を襲撃して、大打撃を与えた。これを織田信長は「忠次の背には目がある」と称えたという。得意は槍。大きな水がめごと突き通して敵を倒したという。

豊臣秀吉

1583年、羽柴（豊臣）秀吉対柴田勝家の賤ケ岳の戦いで戦功をあげた7人の猛将。それが賤ケ岳七本槍だ。

加藤清正

賤ケ岳の戦いでは柴田方に寝返った山路正国を討ちとる。虎退治をした伝説もある猛将。

加藤嘉明

七本槍のなかで最年少。賤ケ岳の戦い以外でも、秀吉の主要な戦いすべてで武功をあげた。

賤ケ岳七本槍
片桐且元
秀吉に信頼され、息子の秀頼を養育する傅役になった。
糟屋武則
佐久間盛政の勇将・宿屋七左衛門を一突きで討ち、七本槍にかぞえられた。秀吉の信頼厚く、内政でも手腕を発揮した知将。
脇坂安治
賤ケ岳の戦いでは、柴田勝政を討ち取ったという勇将。小牧・長久手の戦いでは、伊賀上野城を攻略し、手柄を立てた。
平野長泰
賤ケ岳の戦いで、小原新七と松村友十郎を同時に討ち取り、名を上げた。さらに小牧・長久手の戦いでも戦功をあげた。
福島正則
賤ケ岳の戦いでは一番槍をつとめ、一番首として敵将を討ち取った武闘派の猛将。

武田信玄

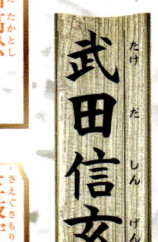

古くから有能な家臣を抱えていた武田家。二十四将は信玄の時代にその名を轟かせた選りすぐりの武将集団だ。

横田高松
甲陽（輝く甲斐国の意味）の五名臣のひとりとされる知将。

穴山信君（梅雪）
武田家の親族衆筆頭。信玄の娘婿。

小幡虎盛
鬼虎の異名をもった歴戦の猛将。

曽根昌世
私情をはさまず客観的判断をする知将。

三枝守友
小田原攻め、三増峠の合戦で大活躍。

原昌胤
陣馬奉行として非凡な才能を発揮。

土屋昌次
第4次川中島の戦いの功で名を高めた。

武田信廉
信玄の弟で、影武者をつとめたという。

武田信繁
信玄の弟。文武両道に秀でた武将。

秋山信友
「猛牛に似たる恐ろしき男」といわれた。

飯富虎昌
甲山の猛虎といわれ、恐れられた剛将。

山県昌景
戦略・内政・外交なんでもこなす猛将。

武田二十四将

多田満頼
火車鬼退治の伝説を持つ勇将。

原虎胤
鬼美濃といわれ諸国の軍団に恐れられた。

内藤昌豊
知略に長け、甲陽の副将とされた。

馬場信春
知勇に優れ、21度の合戦で無傷だった。

小山田信茂
信玄の信頼厚い、文才に優れた側近。

板垣信方
信玄に知将教育をほどこした重臣。

高坂昌信
信玄に寵愛された才知あふれる知将。

真田幸隆
武勇知略に優れ、村上軍を撃滅した。

甘利虎泰
合戦で常に先鋒をつとめた強者。

山本勘助
兵法に優れた名参謀。信玄の知恵袋。

真田昌幸
家康も恐れた勇敢な知将。幸村の父。

真田信綱
三方ケ原の戦いでめざましい活躍をした。

徳川家康

徳川十六神将

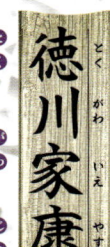

徳川家康に仕え、江戸幕府を打ち立てるにあたり、大事な役割を果たした武将たちだ。

米津常春
安祥城攻めでは城主をとらえるなど活躍。

松平康忠
長篠の戦いや、伊賀越えで活躍した。

大久保忠佐
信長から長篠の戦いぶりを称賛された勇将。

大久保忠世
長篠の戦いで武田軍を撃破。

内藤正成
弓の名手。強弓は武田軍に恐れられた。

服部半蔵
本能寺の変ののち、家康を逃した伊賀越えが有名。

酒井忠次
巧みな指揮力と諸大名との交渉力のある知将。

鳥居元忠
忠義心厚い「三河武士の鑑」。

鳥居忠広
姉川の戦いで先鋒をつとめた猛将。

渡辺守綱
「槍の半蔵」。八幡の戦いで奮戦。

平岩親吉
家康に古くから仕え、甲斐平定などに活躍。

高木清秀
小牧・長久手の戦い、小田原攻めで活躍。

蜂屋貞次
家康に従い、吉田城攻めなどで活躍した。

榊原康政
姉川の戦い、三方ケ原の戦いで奮戦。

井伊直政
「井伊の赤備え」の名を、天下に轟かせた。

本多忠勝
武田軍から、家康にもったいないといわれた勇将。

真田家（真田幸村）

伝説の真田十勇士

真田幸村に従った勇猛果敢な武将たち。その活躍は講談で語りつがれ、伝説となっている。

海野六郎
頭脳明晰で参謀格。古参で幸村がもっとも信頼した知将。

由利鎌之助
鎖鎌の名手で、槍の達人。上田合戦などで力を発揮。

三好清海入道
樫の棍棒を振り回し山賊退治などをした、僧の姿をした豪傑巨漢。

三好伊三入道

清海入道の弟。幸村の九度山行きにもお供した忠臣。

猿飛佐助

甲賀流忍術の名人。敵方の内情を探り、混乱におとしいれる天才。

霧隠才蔵

伊賀流忍術の名人。大坂夏の陣で家康の首をねらう。

根津甚八

もとは海賊の首領。幸村の影武者として奮闘。

望月六郎

爆薬や火薬の知識があり、地雷火や大筒製造で活躍。

筧十蔵

種子島銃の名手で狙撃隊長。分別があり、情にあつく誠実な性格。

穴山小助

漢方医として諸国の動静を探る。幸村の影武者のリーダー。

島原・天草一揆の少年指導者
天草四郎
我らは死しても友！

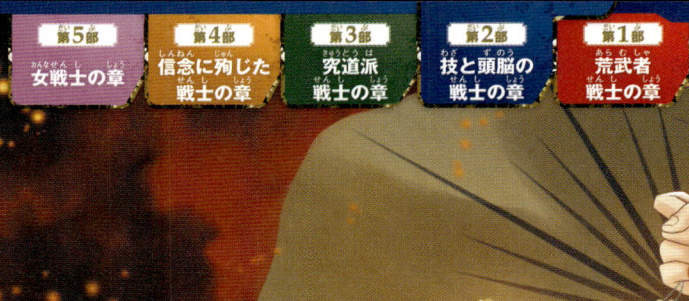

出生・最期
1623? ～ 1638 年
享年 16 歳？（戦死）

出身地：肥後
（現在の熊本県）

主な活躍場所

聡明な美少年。カリスマ性があり、人を引きつけ、リードした。

江戸時代、キリスト教は禁じられた。島原（長崎県）と天草（熊本県）で、民に重い税がかけられ、キリスト教が厳しくとりしまられたため、大規模な反乱が起こった。

リーダーにおされたのが、キリスト教徒の美少年・四郎時貞だった。四郎は情け深い秀才。3万人をこえる民が集まり、原城（長崎県）にたてこもった。彼らの団結は固い。幕府12万の大軍を相手に激戦をくり広げた。しかし長期戦になり、城の食料はつきた。海上からの砲撃も加わる。「われわれは天国へ行っても友」。四郎ら全員が力つきて戦死した。

出生・最期
1659～1703年
享年45歳（切腹）
出身地：播磨
（現在の兵庫県）

赤穂藩（兵庫県）藩主の浅野長矩（内匠頭）は、吉良上野介とのいざこざのため、徳川将軍綱吉に切腹を命じられ、浅野家はとりつぶしになった。一大事。筆頭家老だった大石良雄（内蔵助）は、藩をすばやくまとめ上げ、お家再興に全力をつくす。しかしそれはかなわなかった。良雄は考えたすえ、主君の仇討ちを決意する。綿密な計画を立て、信頼できる同志、四十七士を率いて吉良邸に討ち入った。激闘のすえ、炭小屋にかくれていた上野介を斬った。

長矩の墓に上野介の首を供えたが、良雄たちは全員切腹となった。これを元禄赤穂事件という。

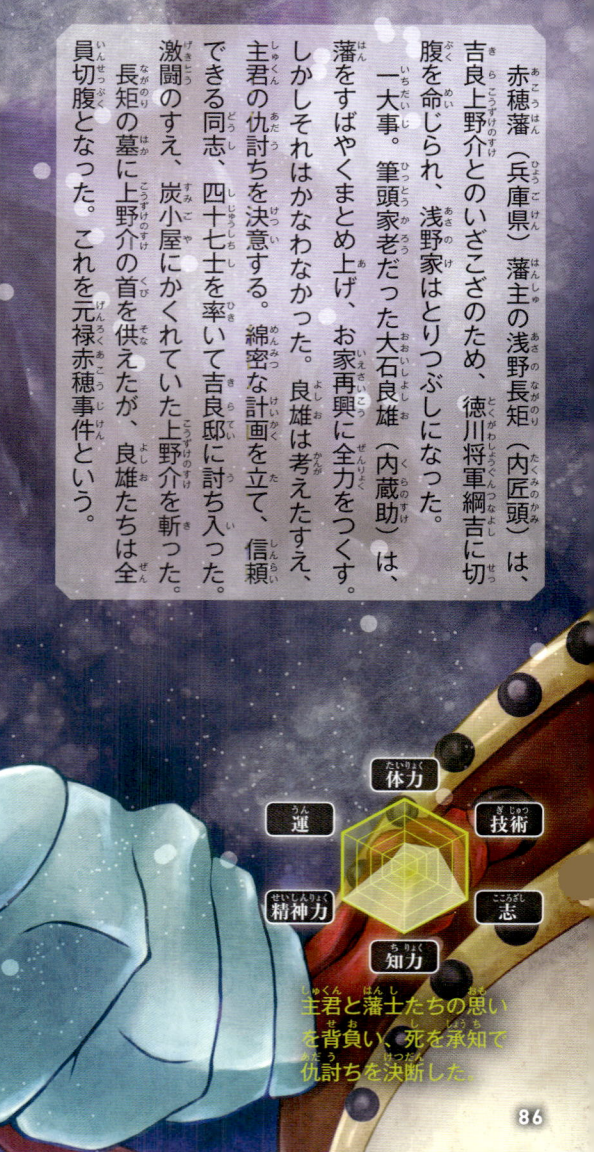

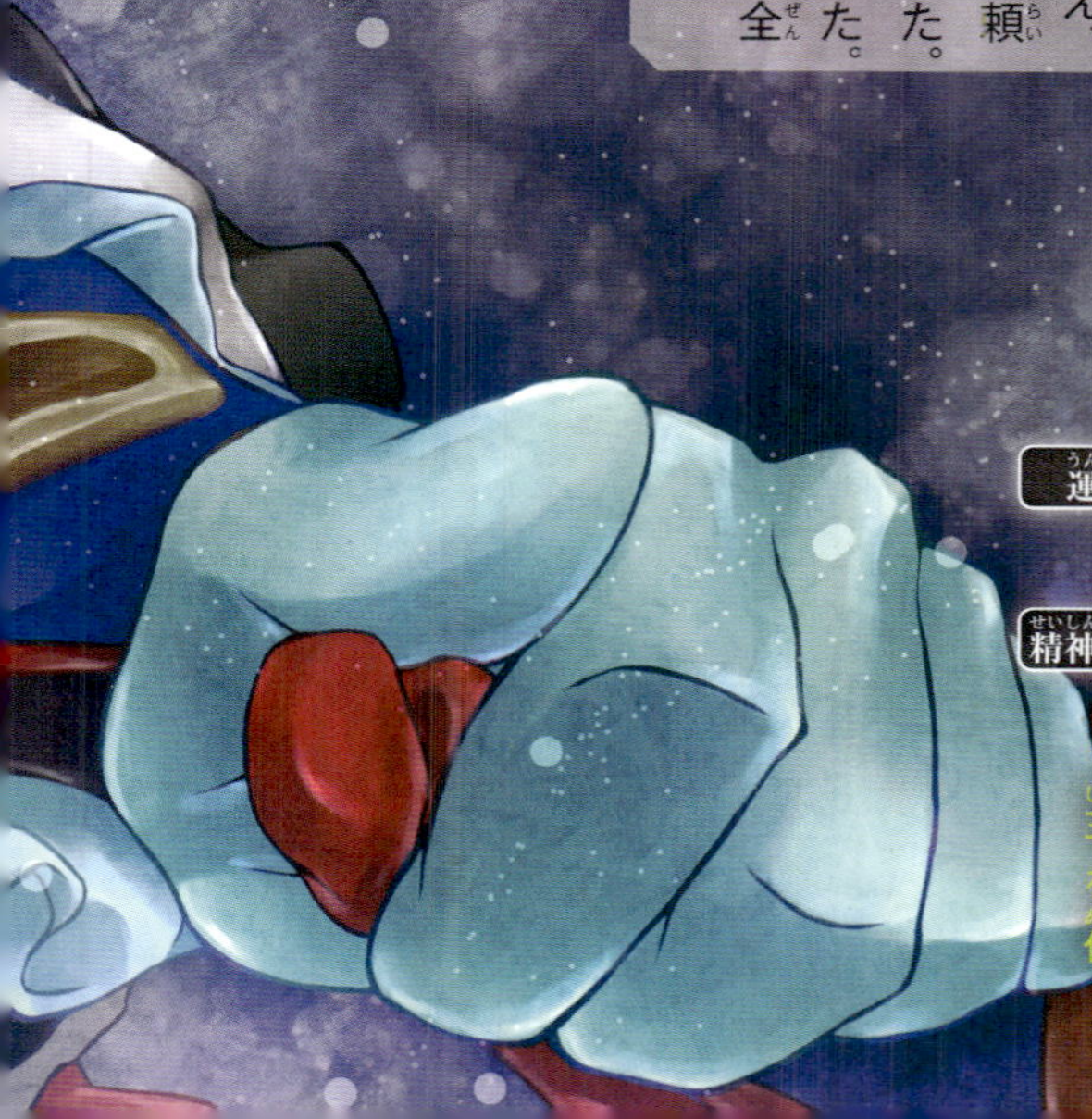

主君と藩士たちの思いを背負い、死を承知で仇討ちを決断した。

残された道は仇討ちのみ…！
大石良雄
忠義の仇討ちを実行した筆頭家老
播州赤穂浪士

アイヌ民族の首長

シャクシャイン

和人の勝手はゆるしておけぬ！

出生・最期

1606? ～ 1669 年

享年 64 歳？（謀殺）

出身地：蝦夷

（現在の北海道）

主な活躍場所

蝦夷

（北海道）

蝦夷地（北海道）には、古くからアイヌ民族が住み、漁や狩りを行っていた。この地に本州からわたってきた人びとは和人とよばれ、その中の松前氏は、江戸幕府から蝦夷地との交易を独占する権利を得た。

この結果、アイヌの人たちの自由な交易は制限され、米とサケなどの交換比率が、アイヌの人たちにとって不利な条件に決められた。これによって、アイヌの人たちの不満はつのり、ついに戦いに発展した。首長のシャクシャインは、全アイヌ民族を率いて激しく戦った。毒矢も使って応戦するが、2か月におよぶ鉄砲主体の攻撃に、次第に不利になった。休戦を求められたシャクシャインは、それに応じて出向いたが、食事の席でだまされて殺されてしまった。指導者を失ったアイヌ民族の勢力はおとろえ、松前氏に従う誓いを立てさせられた。

強い責任感をもち、松前藩との戦いを主導した。

わんぱく自慢2

戦士の少年少女時代

寺をぬけて武術のけいこ

源義経

父・義朝が平清盛に敗れて死んだため、幼い源義経は、京都の鞍馬寺という山寺にあずけられた。しかし父の仇を討とうと誓う義経は、僧の修行をせず、寺をぬけ出して、山で武術のけいこに明け暮れた。走って飛んで、天狗ともけいこをしたと伝えられる。

兵書を盗んで読んだ

義経の恋人のお父さんは、陰陽師という占い師だった。その家にあった『六韜』という、中国の兵書に、戦い方が詳しくのっていたため、義経は、それを持ち出してきて読んだ。その中の『虎韜』は、その後の平家との戦いにたいへん役立ったという。

そのため、のちに成功の秘訣を書いた本を『虎の巻』とよぶようになったといわれる。

男勝りの怪力少女

新島八重

会津（福島県）の武士の家に生まれた八重は、小さいころからたいへん走るのが速く、石投げも得意。活発で男勝りといわれた女の子だった。

13歳のときには、60kgの米俵を肩まで何度も上げ下げできるほどの力持ちだった。

作法や手芸なども習ったが、父の専門の砲術に興味をもった。さらに、薙刀や射撃も学んだのだった。

女城主になった

井伊直虎

徳川四天王の井伊直政の教育係を務めたのは、井伊直虎。直虎が生まれたころの井伊家は、東の今川家に支配されてしまっていた。井伊家には男子がいなかったため、直虎は次郎法師と、家をつぐ者の名がつけられた。男の子と走り回って遊び、わんぱくに育った直虎は、いつしか責任感が芽生え、やがて遠江（静岡県）の女城主へと成長した。

弓聖

阿波研造

的は目で見ず、心で見る

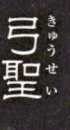

敵を射るのではない。雑念を遠ざけ、無我の境地に至るための手段が、阿波研造の弓道だ。

研造がほぼ目を閉じた状態で弓を引きしぼると、的が自分に近づいてきて一体感が生まれるという。そこで矢を放つと、特に的をねらう意識もなく百発百中となるのだ。

研造の言葉を怪しむ人の前で、研造は見せた。暗やみの中で、直径約9㎝の的の前に1本の線香をともす。研造は、見えない的に向かって矢を放ち、見事的中させたという。

阿波研造
（1880～1939年）

宮城県石巻市に生まれる。弓道の日置流を学び、旧制第二高等学校（現在の東北大学）の弓道師範となる。

写真：東北大学史料館

それ残念〜!
2
戦士がっかり情報

若いころはぼんやり

大石良雄

四十七士を率いて仇討ちした大石良雄（86ページ）だが、若いころは〝昼行灯〟とよばれていた。行灯とは昔の照明器具。昼間、行灯は必要ないことから、〝役に立たないやつ〟という意味で使われていた。しかし28歳で結婚し、その後、学問を積み、しっかりしたリーダーに成長した。

期待されなかった少年時代

上杉謙信

上杉謙信（70ページ）は、武将になると期待されず、7歳で寺にあずけられた。しかし大きな城の模型を作って遊んでいたので、僧にも向いてないとあきらめられた。しかしこの時期の経験が、のちに優れた戦術家になる土台となったのかもしれない。また謙信は若いころに大失恋したためか、一生独身だった。

第3部 凄絶！究道派戰士の章

流派の系図と特徴

いろいろあるぞ 剣術流派

斬って勝つために、さまざまな流派が誕生し、受けつがれてきた。

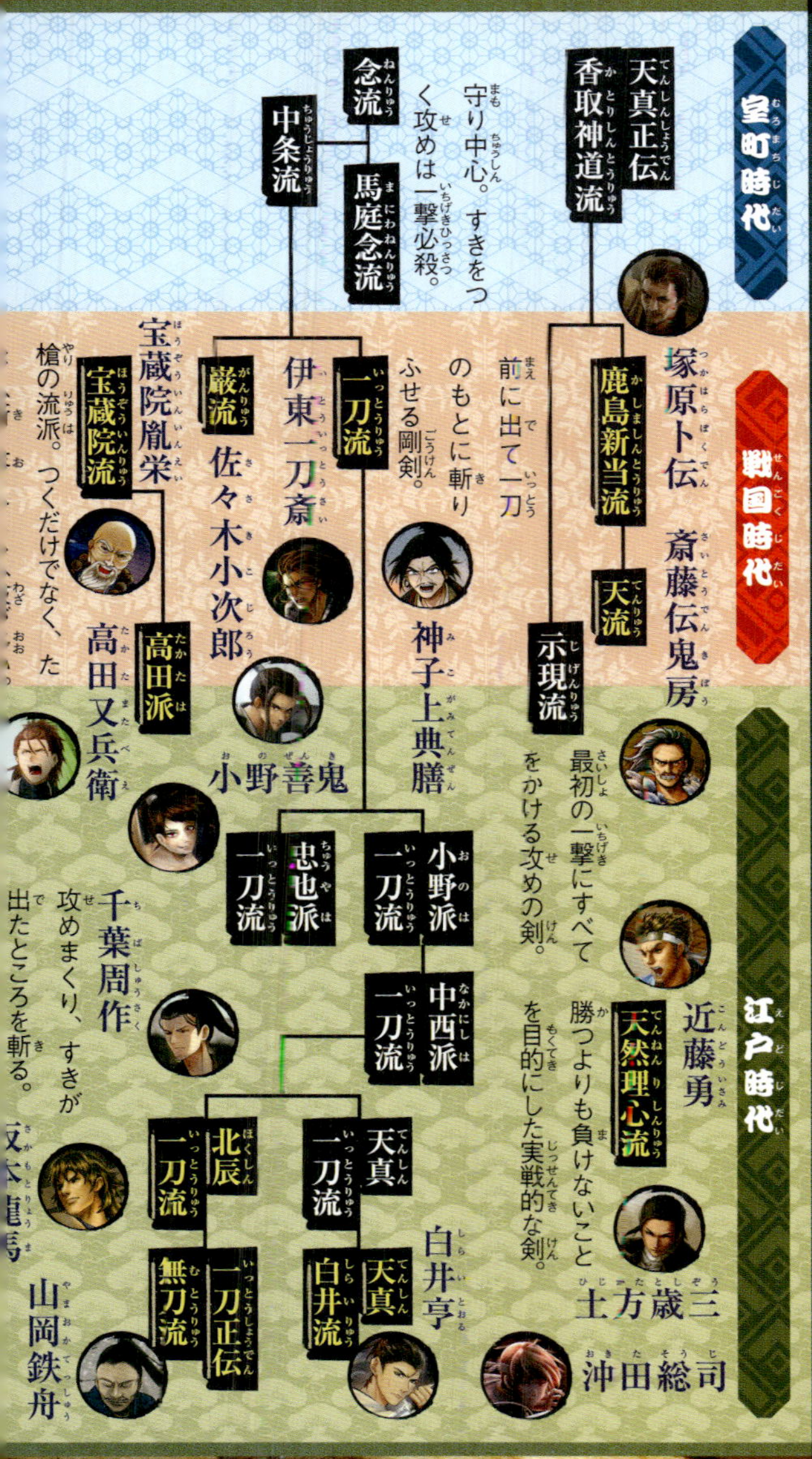

陰流

新陰流

上泉信綱

かまえがなく、相手を動かして勝つ。

柳生新陰流

柳生宗厳

素手で相手を制する「無刀取り」が究極の技。

柳生宗矩

柳生十兵衛

タイ捨流

手足も使ってすばやく攻撃する。

無住心剣術

針ヶ谷夕雲

大石神影流

大石進

神道無念流

斎藤弥九郎

相手より一瞬速く動いて勝つ一撃必殺の剣。

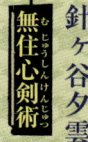

永倉新八

桂小五郎

鏡新明智流

桃井春蔵

岡田以蔵

玄斎流

河上彦斎

二天一流

宮本武蔵

小さい刀で防ぎ、大きな刀で攻める。一瞬のすきをつく。

京八流

吉岡流

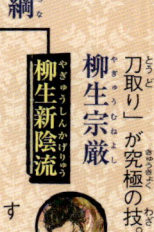

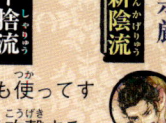

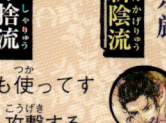

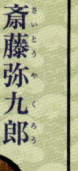

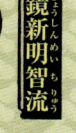

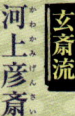

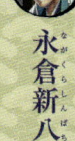

吉岡清十郎

鹿島新当流を創始した剣聖

塚原卜伝

鹿島神宮（茨城県）の神職の家に生まれた塚原卜伝は、子どものころから剣術を習い、鹿島新当流を開いた。武者修行の旅に出たが、一度も刀傷を受けることなく勝ち続けたという。その強さから「剣聖」とよばれている。

ある日、卜伝がいろりで食事していると、すきをつこうとして、若い宮本武蔵がいきなり斬りかかってきた。卜伝はとっさに鍋のふたを盾にして、武蔵の剣を受けたという。ただし、卜伝と武蔵は同時代の人ではない。しかし卜伝にはそんな伝説が多く残されている。

強さ、圧倒的！

出生・最期
1489～1571年
享年83歳（病死）
出身地：常陸
（現在の茨城県）

主な活躍場所

無敗の剣豪。室町幕府の将軍・足利義輝に剣術を指導した。

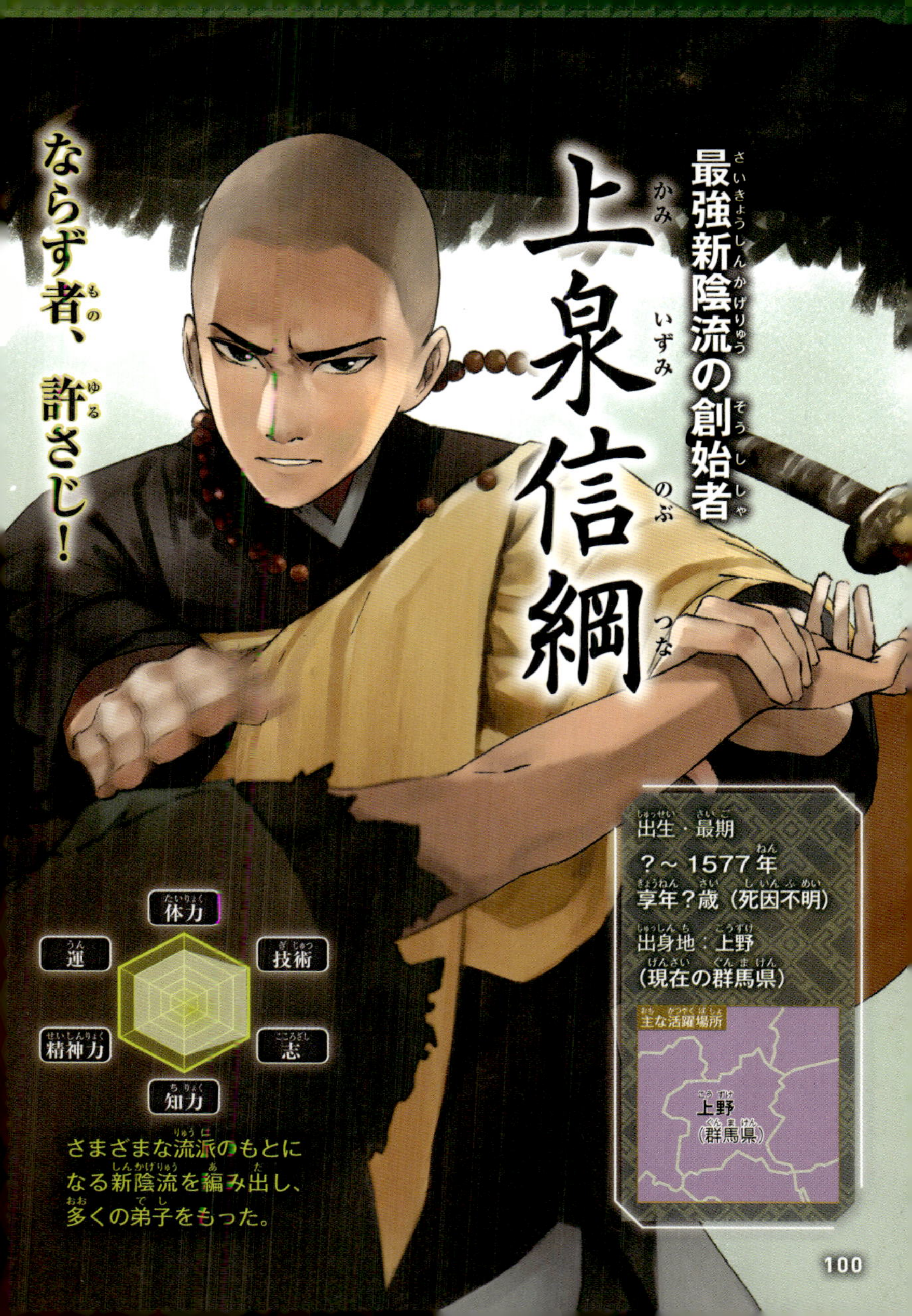

ならず者、許さじ！

最強新陰流の創始者
上泉信綱

さまざまな流派のもとになる新陰流を編み出し、多くの弟子をもった。

出生・最期
？～1577年
享年？歳（死因不明）

出身地：上野
（現在の群馬県）

主な活躍場所

上泉信綱は、陰流、神道流、念流などを学び、新たに新陰流を創始した。新陰流を広めるため諸国を回り、宝蔵院胤栄、柳生宗厳も信綱に弟子入りしたといわれる。

ある日、賊が幼い子どもを人質に取ってたてこもっていたときのこと。信綱は近くにいた僧の着物を借り、髪をそり、「子どもにおにぎりを食べさせたい」と、おにぎりを放り上げた。賊が気を取られた、ほんのわずかなすきに、信綱は賊にかけ寄り、取り押さえてしまったという。

史上最強の剣士として、塚原卜伝と共に「剣聖」と称される。

夢想剣に達した、一刀流開祖

伊東一刀斎

無意識に動いて敵を倒す!

体力
技術
志
知力
精神力
運

向上心が強く、修行に明けくれた。のちの剣豪に大きな影響を与えた。

生まれた伊豆大島で剣の腕をならした伊東一刀斎は、さらなる剣豪を目指して、海をわたった。三島（静岡県）の神社でさっそく達人と試合をしたところ勝利。このとき神主から刀を与えられた。その後、この刀で盗賊7人を斬り殺した。最後のひとりが大瓶に隠れたところを、瓶ごと二つに斬ったという。以後、この刀を「瓶割」と名づけ、瓶割を使った真剣勝負は33戦無敗だった。

江戸で修行を積み、さまざまな技を極め、一刀流を創始。そして無意識のうちに敵を倒したことで、「夢想剣」を編み出した。

中国刀術の達人の大男に試合をいどまれたこともあるが、扇で相手の木刀を打ち落とし、勝利したという。

出生・最期

1560?～1653年？

享年94歳？（死因不明）

出身地：伊豆大島

（現在の東京都）

主な活躍場所

書や絵画でも有名。体が大きく怪力のため、二刀流が可能だった。

宮本武蔵

一瞬で勝利する二刀流の始祖

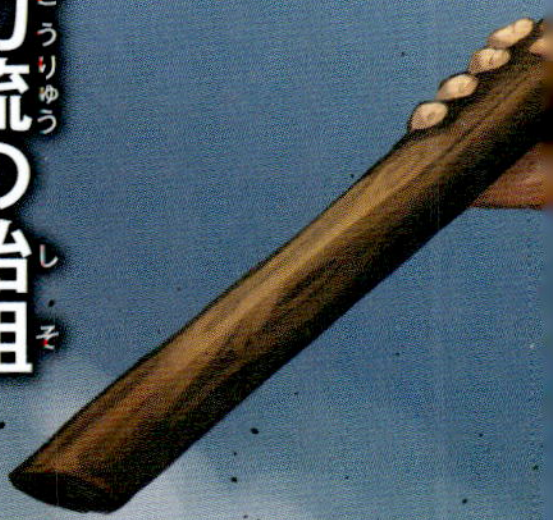

剣豪宮本武蔵は、著書『五輪書』で、生涯で60戦無敗と語っている。なかでも、特に有名なのは巌流島の決闘だ。武蔵は待ち合わせにわざと遅刻。佐々木小次郎をいら立たせた。さやを投げ捨てた小次郎に「小次郎敗れたり」と武蔵は叫ぶ。斬り掛かる小次郎をかわし、武蔵は舟のかいをけずった木刀を打ち下ろし、一瞬で勝利した。両手に刀を持つ、「二天一流」（二刀流）を編み出した。

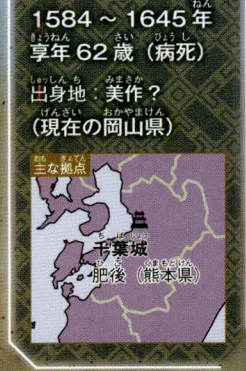

出生・最期
1584～1645年
享年62歳（病死）
出身地：美作？
（現在の岡山県）

主な拠点

生まれも定かでない謎の多い剣豪。諸国でさまざまな剣術を学んだ。

秘技“燕返し”を使う謎多き剣士

佐々木小次郎

佐々木小次郎は、諸国で武者修行をして、さまざまな剣術を学んだ。小次郎の必殺技は、刃渡り1mにもなる刀をみごとに使いこなした「燕返し」という秘剣。相手が一瞬ひるんだすきに切っ先を反転して、瞬時に下から切り上げるという技だ。燕を敵に見立てて斬る修行のすえ、編み出されたともいわれるが、詳しいことはわかっていない。

巌流島で宮本武蔵との決闘で敗れたため、小次郎の剣法は「巌流」とよばれているが、その流派は受けつがれず、今では謎の剣術とされている。

出生・最期
?～1612年
享年?歳(決闘死)
出身地:諸説あり

日本刀の歴史

武将の命に等しく大切だった刀。時代によって形が変わり、進化した。

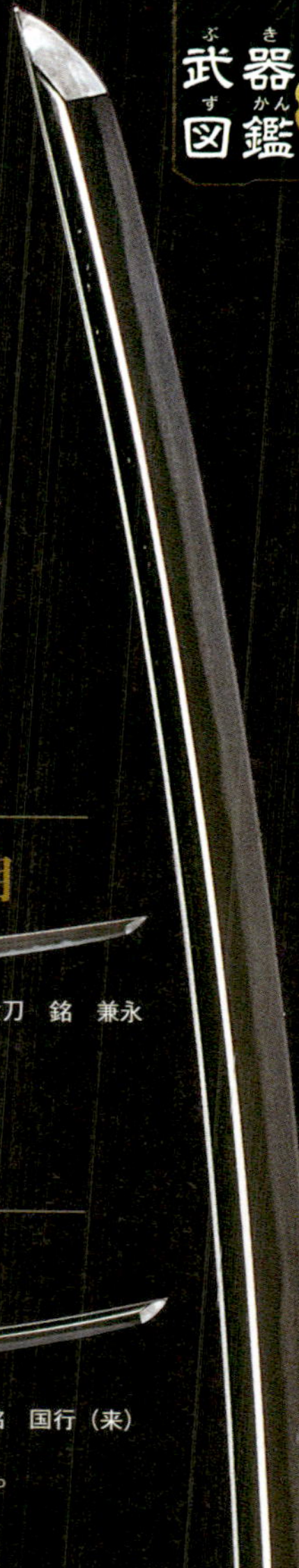

刃の根元には、作者の名前がほられている。刀の名前もほられることがある。

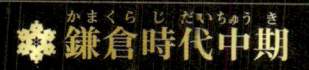

平安時代後期〜鎌倉時代初期

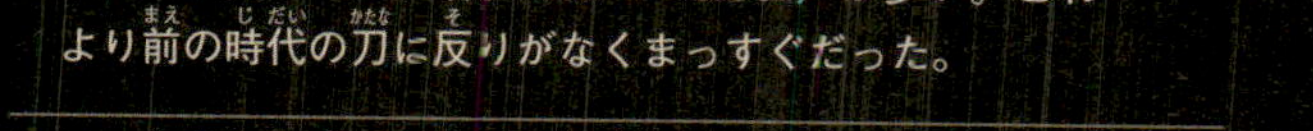

重要文化財　太刀　銘　兼永

根元（元はば）が広く、先（先身はば）が細い。刃の長さは2尺5〜6寸（約75.8〜78.8㎝）が多い。これより前の時代の刀に反りがなくまっすぐだった。

鎌倉時代中期

国宝　太刀　銘　国行（来）

刃のはば（身はば）が広くなり、豪快なすがたになった。

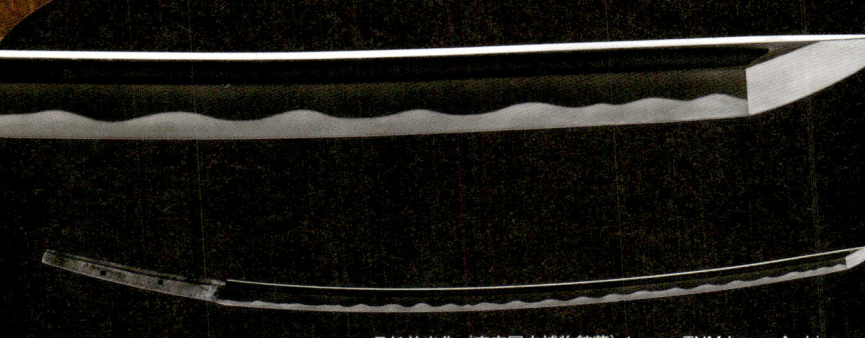

長船兼光作（東京国立博物館蔵）Image: TNM Image Archives

南北朝時代

刃の長さが3尺（約90.9㎝）以上の大きな太刀が作られた。なるべく軽くするため、刃を薄くした。

室町時代後期

刀　銘　村正（刀剣博物館蔵）

身はばはやや広めだが、刃の長さは2尺1寸（約63.6㎝）前後につまった。

江戸時代前期

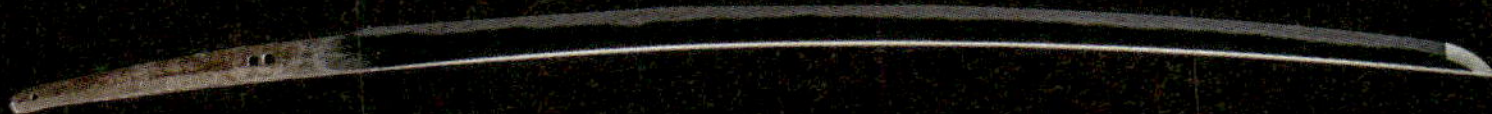

刀　銘　住東叡山忍岡辺　長曽祢興里作　延宝二年六月吉日（刀剣博物館蔵）

元はばにくらべて先が細く、反りがあさくなる。寛文・延宝年間に多く作られたため、寛文新刀とよぶ。

写真協力(南北朝時代以外)：刀剣博物館(公益財団法人日本美術刀剣保存協会)

宝蔵院流槍術の開祖

宝蔵院胤栄

武で人を殺してよいものか？

奈良・興福寺の僧・胤栄は、槍で池に映る三日月を突く修行で、「突けば槍、横に斬れば薙刀、引けば鎌」という、さまざまな攻撃が可能な「十文字槍」を考案。宝蔵院流槍術の開祖となった。僧の胤栄は一代かぎりの流派としたが、弟子が引きつぎ、槍術最大の流派となった。

出生・最期
1521～1607年
享年87歳（病死）
出身地：大和
（現在の奈良県）

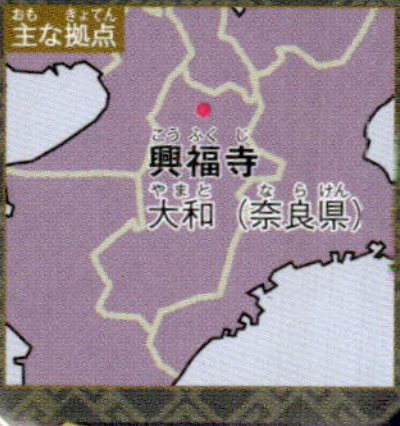

剣の名手でもある。晩年は、人を殺す武術に携わる自分をなげいたという。

宝蔵院流高田派を完成

高田又兵衛

無敵の十文字槍！

胤栄に学び、宝蔵院流高田派槍術を完成させた。生涯94回の試合をしたが、負け知らず。宮本武蔵と3度対決したが、勝負がつかなかったといわれる。戦場でも武将として戦って手柄を立てた。将軍・徳川家光に槍の技を見せ、ほうびをもらった話も残っている。

出生・最期
1590～1671年
享年82歳（病死）
出身地：伊賀
（現在の三重県）

主な活躍場所

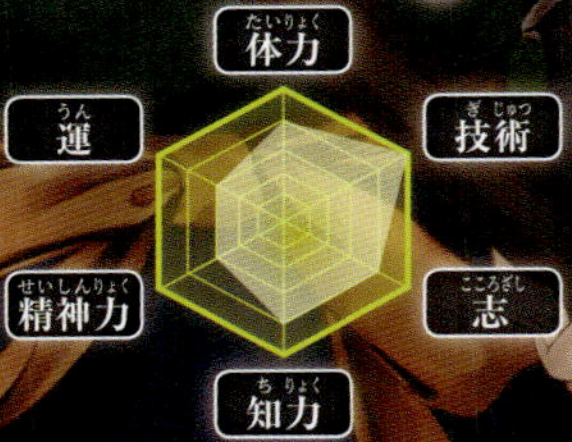

十文字槍の使い方を深く研究した。強いが戦いを好まなかったという。

柳生宗厳

柳生新陰流の開祖

出生・最期

1527～1606年

享年80歳（病死）

出身地：大和

（現在の奈良県）

主な活躍場所

江戸（東京都）

柳生宗厳は、江戸幕府に仕えた柳生家の初代。上泉信綱にいどんで完敗し、弟子となった。またたくまに新陰流を身につけ、「無刀取り」の奥義を授けられた。そしてそれに独自にみがきをかけて「柳生新陰流」を創始した。

人を殺す殺人剣をこえ、天下を治める術につながる「活人剣」に発展させた。

天狗を斬った――!

柳生新陰流は徳川家康に称えられ、柳生家は徳川家の剣の先生になった。

天狗と戦った?

宗厳は天狗と勝負し、切ったものが実は大岩だったという。この「一刀石」が天乃石立神社（奈良県）に残っている。

柳生新陰流2代目剣聖
柳生宗矩
夏の陣
武者七人を瞬殺！

柳生新陰流の2代目・宗矩は徳川家康に仕えた。1615年の大坂夏の陣では、豊臣方の武将を7人、またたく間に斬り倒したという凄腕の持ち主だ。その後は徳川家の剣術の先生となり、将軍の秀忠と家光に教えた。剣術を武道へと進化させ、「剣聖」とよばれた。「兵法家伝書」という新陰流の本も著している。

出生・最期
1571～1646年
享年76歳（病死）
出身地：大和
（現在の奈良県）

主な活躍場所

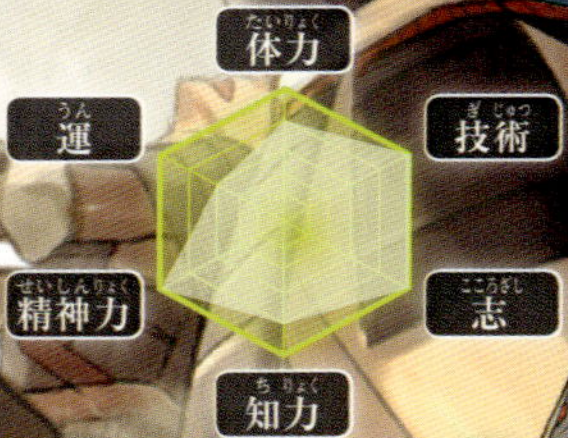

剣は斬るものでなく、自分をみがくものだと、心の重要性を説いた。

柳生新陰流を極めた隻眼の剣士

柳生十兵衛

手裏剣ごとき、扇で十分!

体力
技術
志
知力
精神力
運

名門柳生家の天才ともいわれた。実戦にはめっぽう強かったという。

柳生宗矩の子。13歳で、のちの徳川3代将軍家光に仕えたが、20歳のとき家光の怒りを買って追い払われたという。許されるまでの12年間、諸国をめぐり修行したといわれる。父が政治に関わっていることに反発し、十兵衛は実戦的な剣術をみがいた。十兵衛杖とよばれる仕こみ杖を考案している。

手裏剣の名手の投げた37個の手裏剣を、扇ですべて払いのけたという伝説が残っている。

若いときに片目を失明し、刀のつばを眼帯にしたという。

出生・最期
1607～1650年
享年44歳（死因不明）
出身地：大和
（現在の奈良県）

主な活躍場所

天流を完成させた剣豪

斎藤伝鬼房

出生・最期

1550～1587年

享年38歳（謀殺）

出身地：常陸

（現在の茨城県）

主な活躍場所

武者修行をして天流を開いた。うらみを買って襲われ、若くして死んだ。

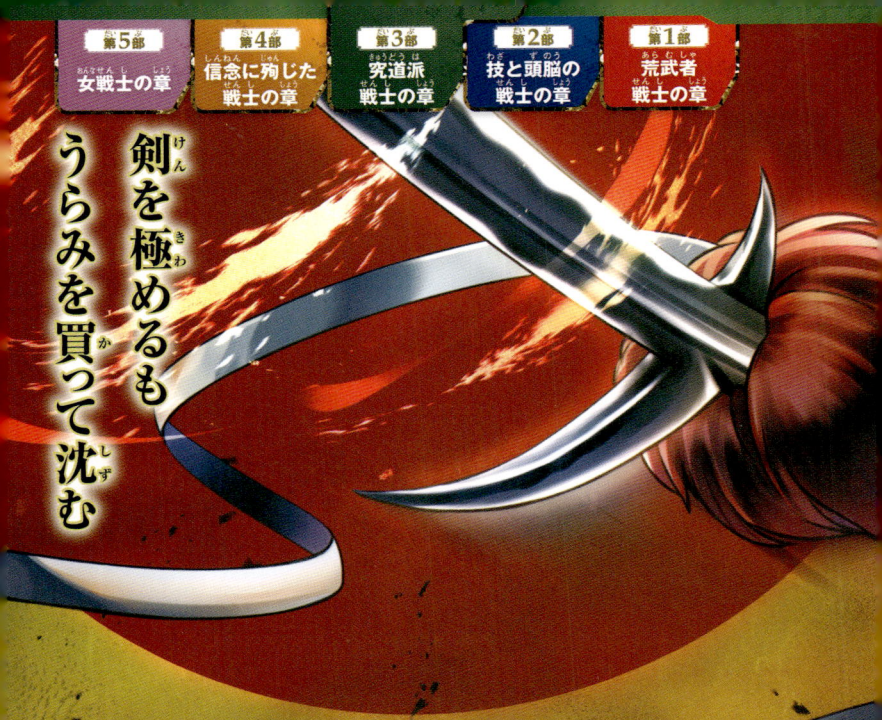

剣を極めるも うらみを買って沈む

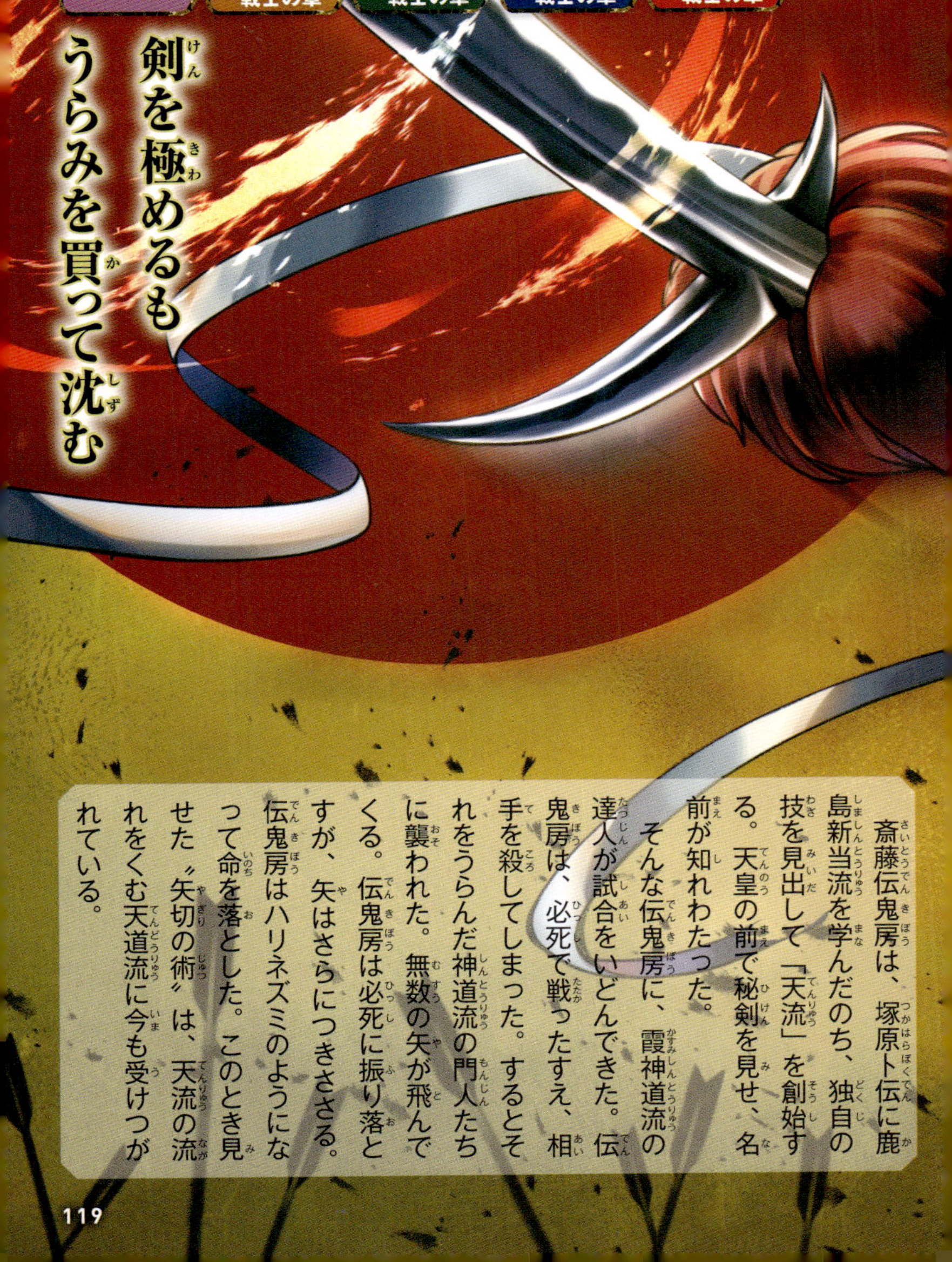

斎藤伝鬼房は、塚原卜伝に鹿島新当流を学んだのち、独自の技を見出して「天流」を創始する。天皇の前で秘剣を見せ、名前が知れわたった。

そんな伝鬼房に、霞神道流の達人が試合をいどんできた。伝鬼房は、必死で戦ったすえ、相手を殺してしまった。するとそれをうらんだ神道流の門人たちに襲われた。無数の矢が飛んでくる。伝鬼房は必死に振り落とすが、矢はさらにつきささる。伝鬼房はハリネズミのようになって命を落とした。このとき見せた〝矢切の術〟は、天流の流れをくむ天道流に今も受けつがれている。

天真白井流の開祖

白井亨

白井亨は、8歳で剣士を志した。機迅流、そして15歳からは中西派一刀流を学んだ。体格にめぐまれなかった亨は、昼夜ぶっ通しでけいこに励み、腕を磨いた。

その後、武者修行のため各地をめぐり、江戸にもどった。しかし久しぶりに会った兄弟子の寺田宗有と試合をしたところ、敗れたのだ。宗有は亨よりも30歳以上年上の63歳。だが気迫におされ、手も足も出なかった。亨は宗有に弟子入りし、さらにけいこに励んだ。

亨は宗有の助言で禅の修行をする。これが成功し、亨は飛躍的に成長した。亨が気合いを入れると、剣先が光を発するように見えたという。

亨は天真白井流を起こし、『兵法未知志留辺』『明道論』などの伝書も著した。

気合いで剣先が光を放つ!

出生・最期
1783～1843年
享年61歳（病死）
出身地：江戸
（現在の東京都）

主な活躍場所

剣の深さを知り、さらに極めようとする、強い心の持ち主。

剣の修行だけで生活できるのですか？

剣士特別インタビュー 1

幕末の剣聖とよばれた男谷精一郎は、優しい人柄でも有名だった。剣豪はどんな生活をしていたか、男谷剣士に架空インタビューしてみたぞ。

――こんにちは。毎日剣の修行をしているのですか？

男谷 もちろん。拙者は武士だ。武士に生まれた以上は武芸に励む。

――聞きにくい質問ですが…、修業で生活できるのですか？

男谷 武士は、大名や将軍の家来だ。戦いがあればすぐに出動する。その代わりとして、主人から米をもらうのだ。

――ご飯の、あの米ですか

男谷 さよう。米を売って給料にするのだ。したがって一応は生活できる。

――どのくらいの量の米ですか？

男谷 名の通った剣豪でも、ふつうは百石以下であろうな。

――石とは？

男谷 米の量の単位だ。おおよそ大人一人が一年間に食べる米の量が一石だ。

――はあ、ということは百人分ですか。

男谷 まあ、家族もいるし、米以外のものも食べるだろうし、生活費もかかるから、大金持ちとはいえないが…。

——男谷さんもそのくらいなんですか？

男谷　まあ、拙者は実質、千石ほど……。

——ええっ、すごい！　どうしてですか？

男谷　拙者の剣が認められ、幕府の武芸訓練所「講武所」の師範を務めておるためだ。

——先生ですか！　カッコいー！

男谷　今、外国船が日本にせまっていて、武士は国を守らねばならぬ大事なときなのだ。だからたくさんもらったとしても、使って浮かれてはいられない。腕をなまらせないためにも、毎日けいこに励んでおる。

——ますますカッコいい。

男谷　剣豪になるために修行の旅に出る者もおる。そんなときは主人から離れるわけだから、米はもらえない。また、いくら強くても大名にやとってもらえなければ、安定した生活はできない。それが剣士だ。

——そうですか、わかりました。今日はどうもありがとうございました。

男谷精一郎（1798〜1864年）

江戸（現在の東京都）生まれの剣士。直心影流を学び、1823年に独立して道場を開いた。剣に流派は関係ないとして、さまざまな流派の剣士と試合をした。

勝ってもえらぶることなく、多くの人に親しまれたという。

吉岡流4代目直綱

吉岡清十郎

出生・最期

不明

享年？歳（死因不明）

出身地：山城

（現在の京都府）

主な活躍場所

京都

道場で弟子を取りまとめ、剣術を教えこむ腕もたしかだった。

打ちぬいた武蔵の眉間！

吉岡家は足利将軍家に剣術を教える京都の名門。清十郎はその4代目・吉岡直綱のことと考えられている。

ある日、道場に宮本武蔵がやってきて、吉岡と武蔵とが対決することになった。すると吉岡の剣が炸裂。武蔵の眉間を打ちぬき、武蔵は大出血した。しかし吉岡の白いはちまきも血でそまったため、勝負は引き分けともいえた。その後、吉岡が武蔵に再戦を申しこむも、実現しなかったという。

ただし、これは吉岡家に伝わる記録。宮本家に伝わる本には、武蔵が勝ったと書いてあるのだ。本当のことはわからない。しかし清十郎が武蔵と肩を並べる剣豪であったのはまちがいないだろう。

兄弟子を制し一刀流を受けついだ剣豪

神子上典膳

後継者はオレだ!

腕は立ったが、性格は荒かったという。

戦国大名の里見氏の戦士として、戦場で活躍。その後、旅に出て剣豪・伊東一刀斎に出会う。勝負をいどむが敗北し、典膳は一刀斎の弟子となる。腕を上げ、兄弟子の小野善鬼に勝ち、一刀流を受けついだ典膳は、徳川秀忠（のちの江戸幕府2代将軍）の剣の先生となった。後年は小野忠明と改名した。

出生・最期
1565?～1628年
享年64歳？（病死）

出身地：安房
（現在の千葉県）

主な活躍場所

針ケ谷夕雲

"心法"の剣豪

真の強さとは…？

新陰流を学び、武者修行の旅に出て負けなし。ところがある日、馬から落ちて左手が不自由になってしまった。「本当の強さとは何か」と問い続けた夕雲は、ただ刀を上げて下ろす動作だけですべてに応じる「無住心剣術」を編み出し、「心法の剣豪」とよばれた。

出生・最期
？～1663年
享年？歳（死因不明）
出身地：上野
（現在の群馬県）

主な活躍場所
江戸（東京都）

剣を交わす前に相手の力量を見極めるのが剣術の理想とした。

北辰一刀流玄武館の創設者

千葉周作

竹刀剣術の発展に力をつくす

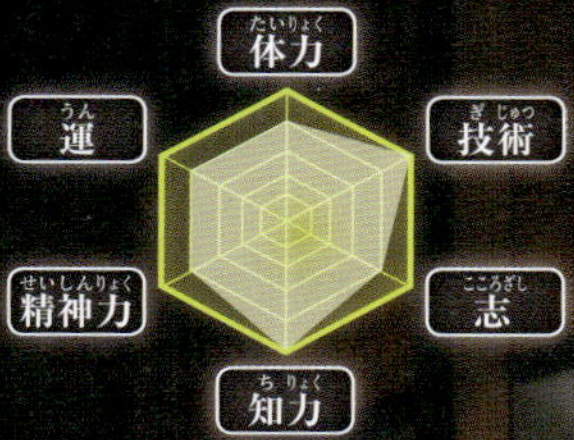

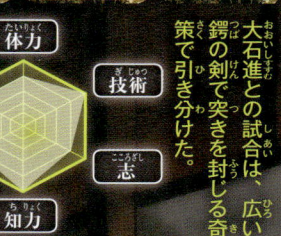

大石進との試合は、広い鍔の剣で突きを封じる奇策で引き分けた。

父から北辰夢想流を学んだのち中西派一刀流を学び、修行と工夫の末、北辰一刀流を創始。江戸の三大道場の一つ「玄武館」を開いた。周作は剣術のスタイルにこだわらなかった。構えの形は相手に合わせて、自由でよいという考え方。わかりやすく、修業期間も短い。武士だけでなく町人も受け入れたため、玄武館は門弟が3000人以上も集まるほどの人気で、剣術ブームが起こった。

出生・最期
1793～1856年
享年64歳（病死）
出身地：陸奥
（現在の宮城県）

大石神影流開祖

大石進

私の神影流と、いざ勝負！

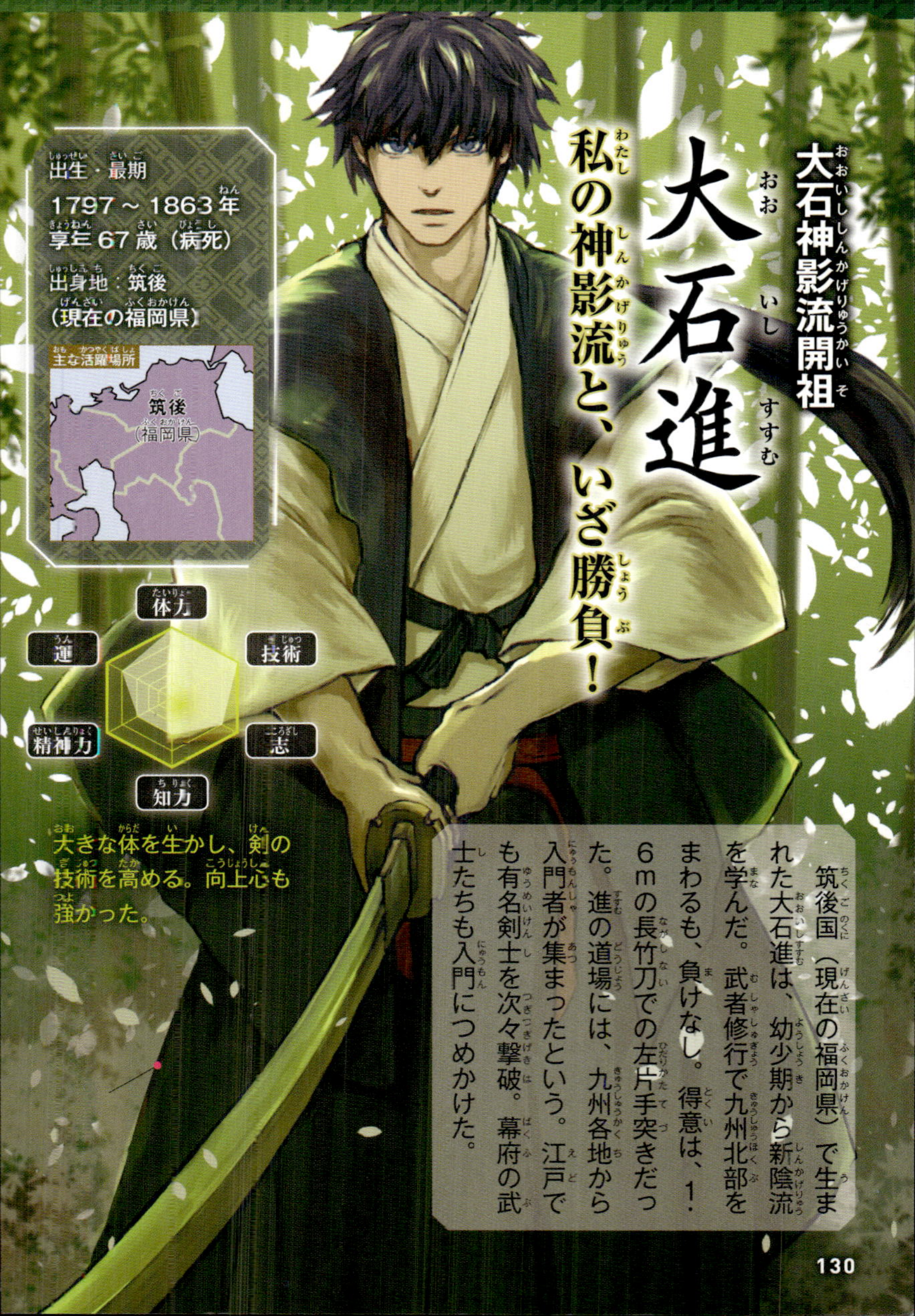

出生・最期

1797～1863年

享年67歳（病死）

出身地：筑後

（現在の福岡県）

主な活躍場所

筑後

（福岡県）

体力

技術

志

知力

精神力

運

大きな体を生かし、剣の技術を高める。向上心も強かった。

筑後国（現在の福岡県）で生まれた大石進は、幼少期から新陰流を学んだ。武者修行で九州北部をまわるも、負けなし。得意は、1.6mの長竹刀での左片手突きだった。進の道場には、九州各地から入門者が集まったという。江戸でも有名剣士を次々撃破。幕府の武士たちも入門につめかけた。

神道無念流の練兵館を創設

斎藤弥九郎

剣を学ぶ者は、広く識見を持つべし

人望があり、政治力にも優れた。道場は人々の交流の場にもなった。

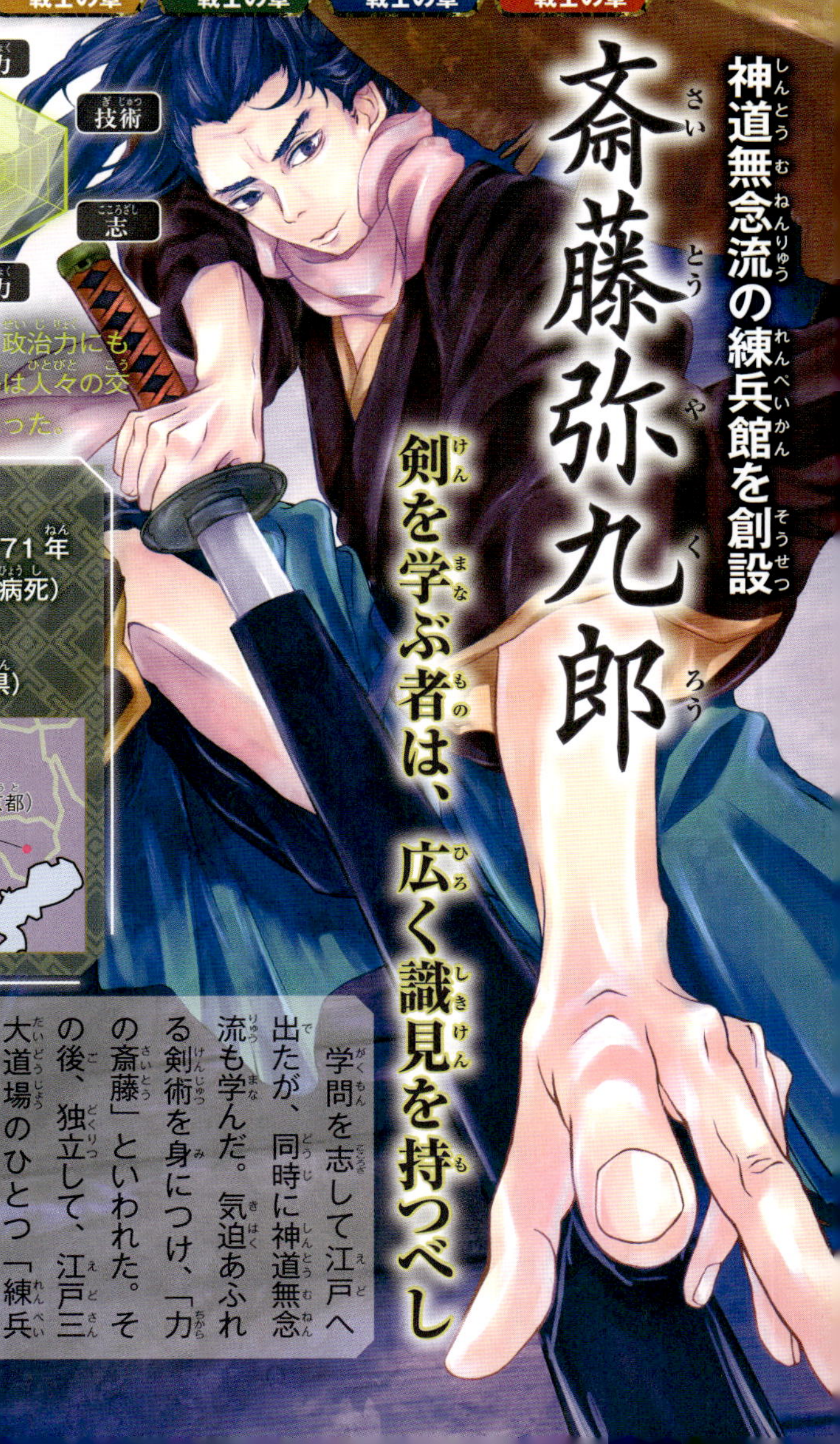

出生・最期
1798～1871年
享年74歳（病死）
出身地：越中
（現在の富山県）

主な活躍場所

学問を志して江戸へ出たが、同時に神道無念流も学んだ。気迫あふれる剣術を身につけ、「力の斎藤」といわれた。その後、独立して、江戸三大道場のひとつ「練兵館」を開く。文武両道をすすめ、むやみに剣を振るうことを禁じた。

江戸時代の剣術道場

武士道を築き、サムライを生み出した！

戦争のなかった江戸時代、武士は剣術によって精神をみがき、武士道を極め、サムライになろうとしたのだ。

江戸時代後期、〝江戸の三大剣士〟千葉周作、斎藤弥九郎、桃井春蔵の開いた道場は、特に人気が高かった。それぞれ、玄武館、練兵館、士学館といい、江戸の三大道場とよばれた。

玄武館

千葉周作が開いた北辰一刀流の道場。山岡鉄舟は門下生。周作の弟・定吉の道場では、坂本龍馬が学んだ。

練兵館

斎藤弥九郎が開いた神道無念流の道場。門下生に、桂小五郎らがいる。

東京都の靖国神社内にある、練兵館あとの碑。

士学館

道場主は代々桃井春蔵を名乗り、4代目桃井春蔵のときに最盛期を迎えた鏡新明智流の道場。門下生に、岡田以蔵がいる。

近藤勇の天然理心流道場

近藤勇の娘婿が開いた、天然理心流の道場「撥雲館」あと（東京都調布市）。勇の養父も寺子屋（江戸時代の学校）と天然理心流の道場を開いていて、勇はそこで修行した。

鏡新明智流の士学館4代目当主
桃井春蔵
美しく気品のある剣！

名乗っただけで逃げ出すならず者もいたが、多くの門人にしたわれた。

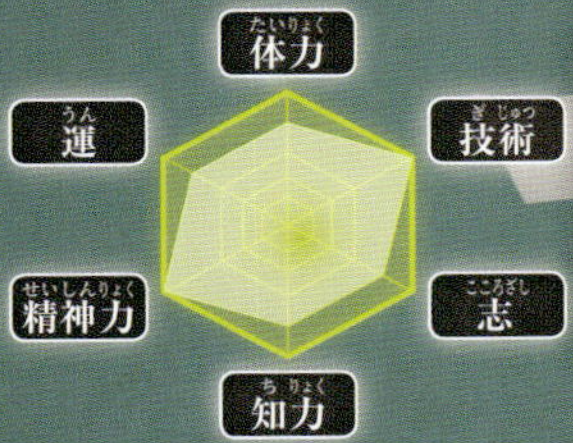

鏡新明智流の道場「士学館」は、幕末の江戸三大道場の一つ。桃井春蔵は、その4代目道場主だ。のちに人斬り以蔵と恐れられた岡田以蔵も士学館に入門したが、春蔵には歯が立たなかったという。春蔵は人柄もよく、多くの門人が集まった。刀を振り下ろすスタイルが美しく品があり、「位の桃井」と評された。江戸幕府から求められ、剣の先生としても活躍した。

相手に攻撃を読まれないように、自分のつま先をかくす、長い袴をはいていた。

出生・最期
1825～1885年
享年61歳（病死）

出身地：駿河
（現在の静岡県）

主な活躍場所

小野善鬼

野望をくだかれた野獣剣士

櫂の一撃受けてみやがれ！

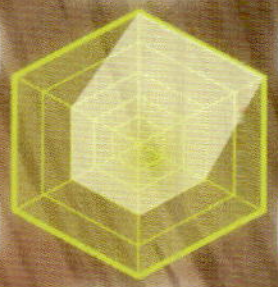

伊東一刀斎に一時は認められたが、性格が荒く、弟弟子と戦うはめに。

出生・最期
？～1592年
享年？歳（決闘死）
出身地：不明

主な活躍場所

船頭をしていた小野善鬼は、乗り合わせた剣豪・伊東一刀斎に勝負をいどんだ。しかし櫂の一撃をかわした一刀斎が勝利。善鬼はその場で一刀斎の弟子になった。

その後の善鬼は、腕を上げたが野心も出た。一刀斎を倒せば自分が日本一の剣士になれると。そんな善鬼のねらいを見破った一刀斎は、善鬼の弟弟子の神子上典膳と戦わせた。善鬼はあえなく敗れた。

決死！

第4部

信念に殉じた戦士の章

逆袈裟斬りの〝人斬り〟

河上彦斎

学問を積んだ教養人。剣の流派は特になく、自分なりの実戦派。

河上彦斎は、身長が150㎝ほどの小柄な剣士。幕府を倒そうとする過激派志士として活動し、〝人斬り彦斎〟と恐れられた。得意技は「片手抜刀の逆袈裟斬り」。片方の足を前方に大きくふみ出して膝を曲げ、もう片方の足は地面につくくらい後ろにのばす。片手で刀を抜き、下から上へ斬り上げるのだ。肩から腹へ斜めに斬り下ろすのが袈裟斬りで、その逆だ。そんな彦斎でも、学者の佐久間象山を暗殺したときは、強く後悔したという。

出生・最期
1834～1872年
享年39歳（刑死）

出身地：肥後
（現在の熊本県）

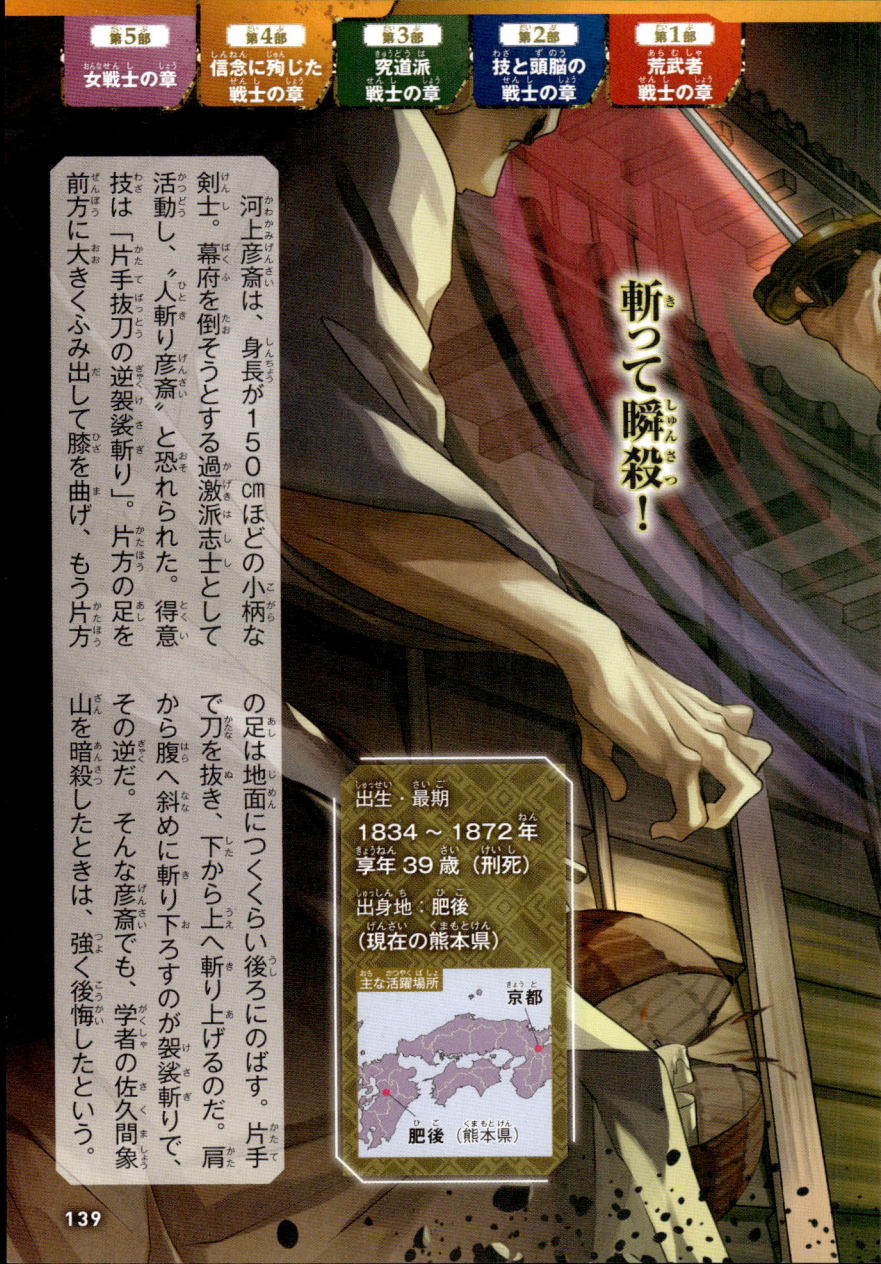

主な活躍場所
京都
肥後（熊本県）

恐怖の〝人斬り以蔵〟
岡田以蔵
来いやー！
オレが斬る！

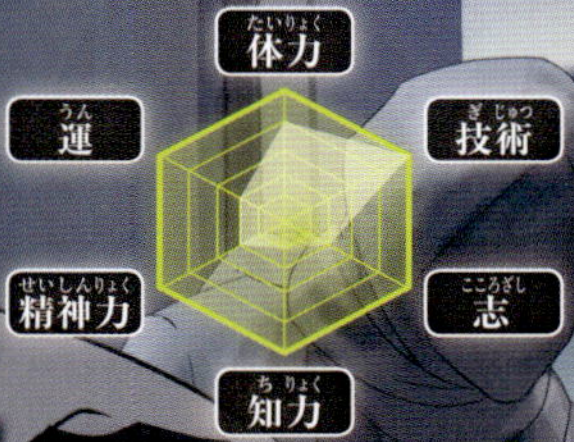

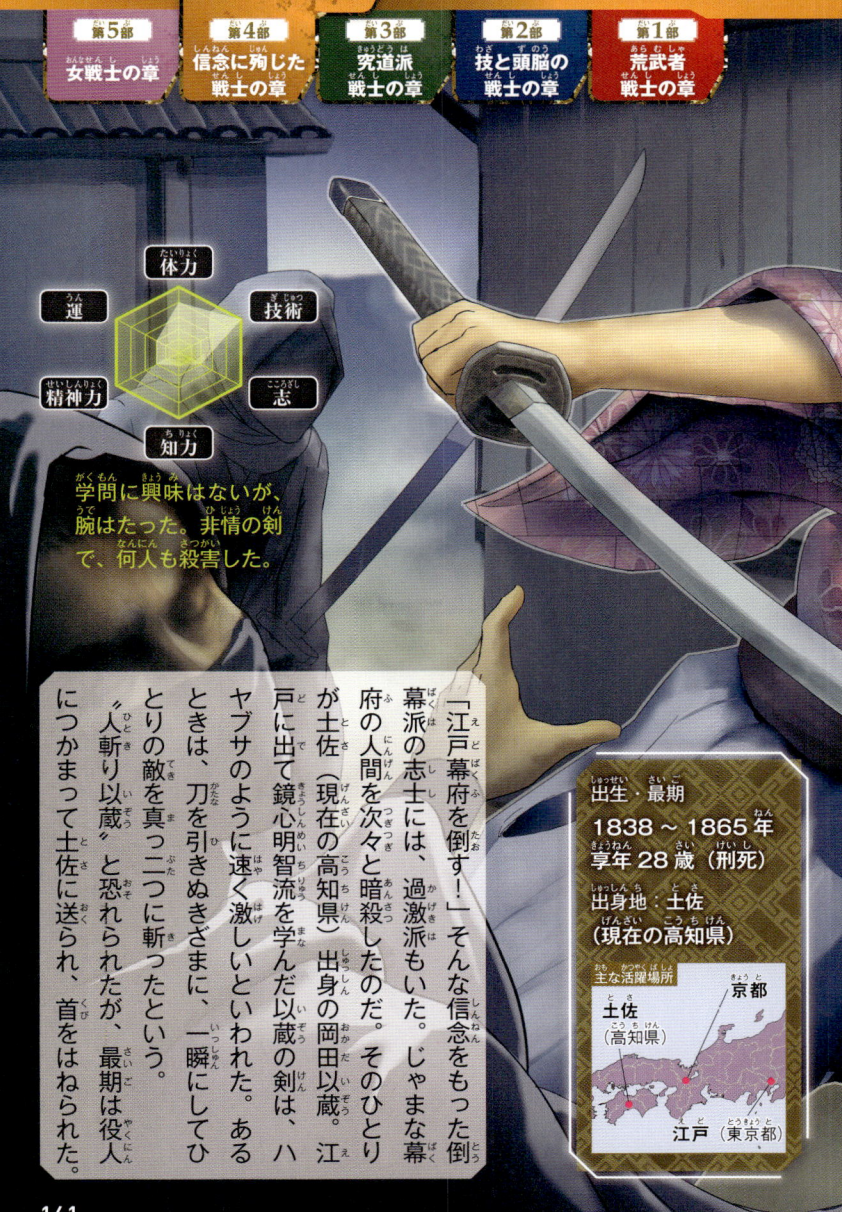

学問に興味はないが、腕はたった。非情の剣で、何人も殺害した。

「江戸幕府を倒す！」そんな信念をもった倒幕派の志士には、過激派もいた。じゃまな幕府の人間を次々と暗殺したのだ。そのひとりが土佐（現在の高知県）出身の岡田以蔵。江戸に出て鏡心明智流を学んだ以蔵の剣は、ハヤブサのように速く激しいといわれた。あるときは、刀を引きぬきざまに、一瞬にしてひとりの敵を真っ二つに斬ったという。

〝人斬り以蔵〟と恐れられたが、最期は役人につかまって土佐に送られ、首をはねられた。

出生・最期
1838～1865年
享年28歳（刑死）
出身地：土佐
（現在の高知県）

主な活躍場所

名勝負

強いがゆえに、負けられない戦いがあった。剣士たちは、誇りと生き方をかけて勝負した。

大石進●　VS　白井亨○

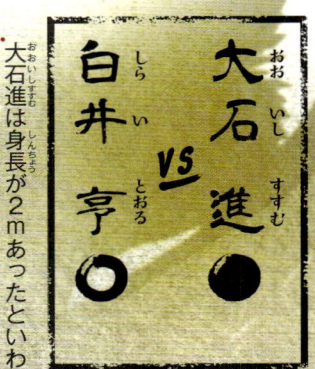

大石進は身長が2mあったといわれる大男。武器は1・6mもの長竹刀だ。九州から出てきて江戸の道場をまわって戦いをいどみ、連戦連勝。千葉周作だけが引き分けたという。
この快進撃を何とか止めねばならない。そこに登場したのが、剣先から光を放つという白井亨だった。大石得意の突きを、下段の構えからはねのけると、一気に距離をつめ、強烈な一撃を打ちこんで勝利。江戸剣士の面目を保った。

剣士vs剣士！命がけの

桃井春蔵○ vs 岡田以蔵●

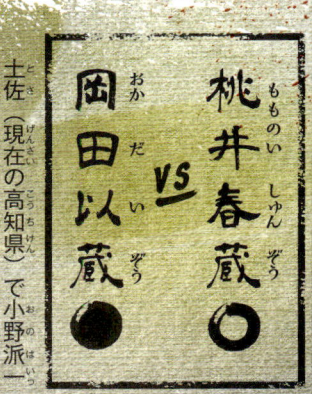

土佐（現在の高知県）で小野派一刀流を学び、腕を鳴らしていた岡田以蔵は、江戸に出た。このときはまだ20歳前。桃井春蔵の士学館に入門したいという以蔵に対し、春蔵本人が相手になった。向こう気の強い以蔵が激しく打ちこむも、かわされ続け、いつのまにか、腕や面を打たれているのだった。完敗した以蔵に、春蔵は「心が空になった剣だ」と言ったという。士学館で鏡新明智流を学んだ以蔵だったが、その後、京都で〝人斬り〟となった。

宮本武蔵VS吉岡一門

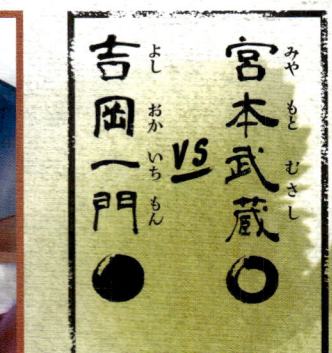

宮本家に伝わる記録によれば、吉岡清十郎の弟・伝七郎を殺した武蔵に、清十郎の子・又七郎がいどんだ。厳しい戦いを予想した武蔵は、早目に出発し、途中の神社で祈ろうとする。しかし「神は尊ぶもので頼むものではない」と思い直し、松林で待った。そこへ、門人たちを連れて又七郎がやってくる。松林の中に武蔵がいるとは知らず、矢を射る相談を始めた。そこに武蔵が飛びかかり、又七郎を真っ二つに斬った。

神子上典膳○ VS 小野善鬼●

ふたりは伊東一刀斎の弟子。小野善鬼が兄弟子で、神子上典膳が弟弟子だ。ふたりとも性格が荒かったが、善鬼はとくに粗暴だった。一刀流の秘伝書を善鬼に授けたくない一刀斎は、ふたりに勝負することを提案したのだった。強い典膳であるが、兄弟子の善鬼は負けるわけにはいかない。しかし師の応援を得た典膳が、善鬼をたたき斬って勝利したという。典膳が秘伝書を手にした。

誠の心で京都を守る

壬生の狼 新選組局長
近藤勇

1863年、将軍・徳川家茂が京都へ行くことになり、護衛の兵が集められた。京都には、幕府を倒そうとする過激派志士がたくさんいたのだ。これに加わった近藤勇は、役目が終わっても京都の壬生に

学問もよくした。武道も勉学にも誠の心が必要と考える努力の人物。

残り、過激派と戦った。勇らの活躍は認められ、新たに新選組の名をもらい、勇はその局長となる。

1864年、旅館の池田屋に、夜、過激派が集まったとの情報を得た。勇は沖田総司ら3人と二階へかけ上がる。すさまじい戦いのすえ、新選組は9人を斬って4人をとらえた。さらに翌朝、逃げた23人もとらえるという、大戦果をあげたのだった。

しかしその後、幕府は倒れ、新政府軍にとらえられた勇は刑死した。

出生・最期
1834～1868年
享年35歳（刑死）
出身地：武蔵
（現在の東京都）

主な活躍場所

新選組 鬼の副長

土方歳三

これがオレの仕事だ！

出生・最期

1835 ～ 1869 年

享年 35 歳（戦死）

出身地：武蔵

（現在の東京都）

主な活躍場所

近藤勇を全力で支え、新選組を鉄のおきてで鍛え上げた。

土方歳三が入門した試衛館は、近藤勇の天然理心流の道場だった。歳三は一つ年上の勇と友となる。勇と共に将軍護衛の任務につき、京都へ旅立った。そして京都の治安を守る新選組の副長の座についた。新選組が、過激派を斬れば斬るほど、彼らにかかる期待も大きくなる。命がけの仕事。敗死は許されない。歳三は副長として、隊員を厳しく鍛え上げた。「鬼の副長」と恐れられたが、何と言われようとも、きまりを破った者は、容赦しなかった。

ところが幕府は倒れた。そして1868年、旧幕府軍と新政府軍との戊辰戦争が始まった。歳三は旧幕府軍として、箱館（現在の北海道函館）の五稜郭にたてこもって戦った。しかし馬上で指揮をとっているとき、銃弾を受け、戦死した。

新選組（しんせんぐみ）一番隊組長（いちばんたいくみちょう）
沖田総司（おきたそうじ）

早世した天才剣士

出生・最期
1844?～1868年
享年25歳？（病死）
出身地：江戸
（現在の東京都）

主な活躍場所

沖田総司が、天然理心流の試衛館に入門したのは10歳ごろ。そこで近藤勇と土方歳三に出会った。総司の強さはずば抜けていて、天才剣士といわれた。相手ののど元を三度続けてするどく突く「三段突き」を得意とした。

総司は勇に従って新選組に入隊。その精鋭部隊である一番隊の組長を任され、京都に血の雨を降らせた。

ところが総司は結核を病んでいた。新政府軍との戊辰戦争には参加できず、若くして死んだ。

新選組の中で技はピカイチ。しかし後輩たちに教えるのは得意ではなかった。

新選組　二番隊組長
永倉新八

神道無念流を学んだ永倉新八は、武者修行中に近藤勇と知り合い、そして新選組に入った。新八の腕前は、天才といわれた沖田総司におとらなかったといわれる。新八の得意技は「龍飛剣」だった。低い構えから敵の刀をすり上げ、そして刃を返して下へ斬り落とすという技だ。

過激派の集まる池田屋にふみこんだときは、激戦となった。傷を負い、血しぶきを上げながらも、4人を斬るという手柄を立てた。

しかし幕府が倒れると、勇と意見が合わなくなった。家来になれと言われた新八は、怒って新選組をぬけ、明治時代に、新選組についての本を著した。

出生・最期
1839～1915年
享年77歳（病死）
出身地：江戸
（現在の東京都）

主な活躍場所

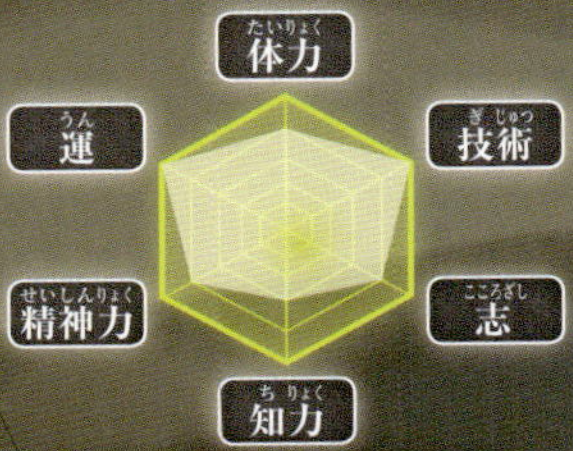

天才沖田総司と並ぶ剣豪。死を逃れ、明治時代に剣を伝えた。

斎藤一

新選組 三番隊組長

義のために斬る！

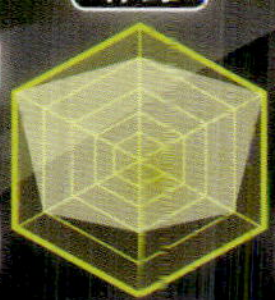

頼まれた仕事は忠実にこなした。生きぬき、明治時代にも活躍した。

出生・最期

1844 ～ 1915 年

享年 72 歳（病死）

出身地：江戸（現在の東京都）

主な活躍場所

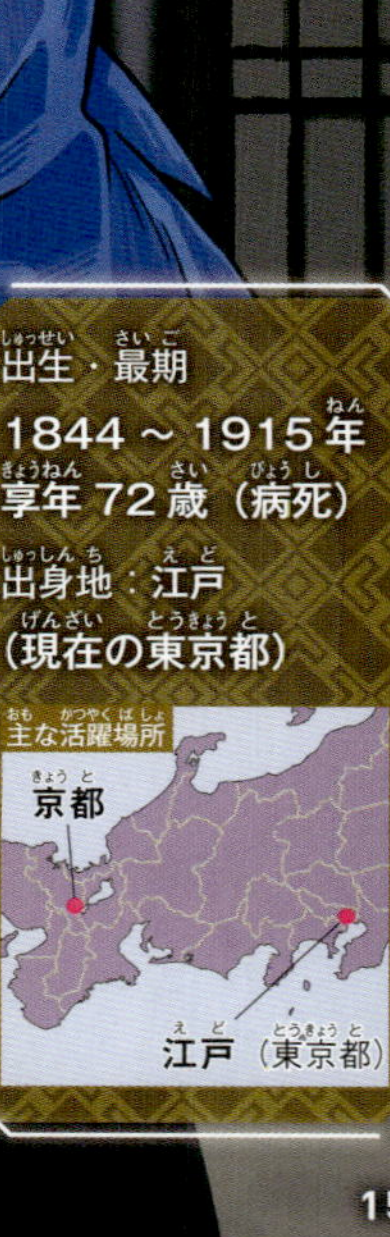

10代のころは、近藤勇の試衛館で、天然理心流を学んだといわれる。勇とともに京都の治安を守る「壬生浪士組」の一員となり、のちに新選組と名が変わった。一は沖田総司や永倉新八に次ぐ剣の腕前で、京都の役人たちの前で、模範試合を見せるほどだった。

一は、幕府を倒そうとする過激派の暗殺はもちろん、スパイ活動を行ったり、新選組のきまりを守らなかった者を殺したりする仕事もこなした。

幕府が倒れても生きのび、明治時代には、警視庁の警察官として活躍した。

京都に血の雨を降らせた

これが新選組だ！

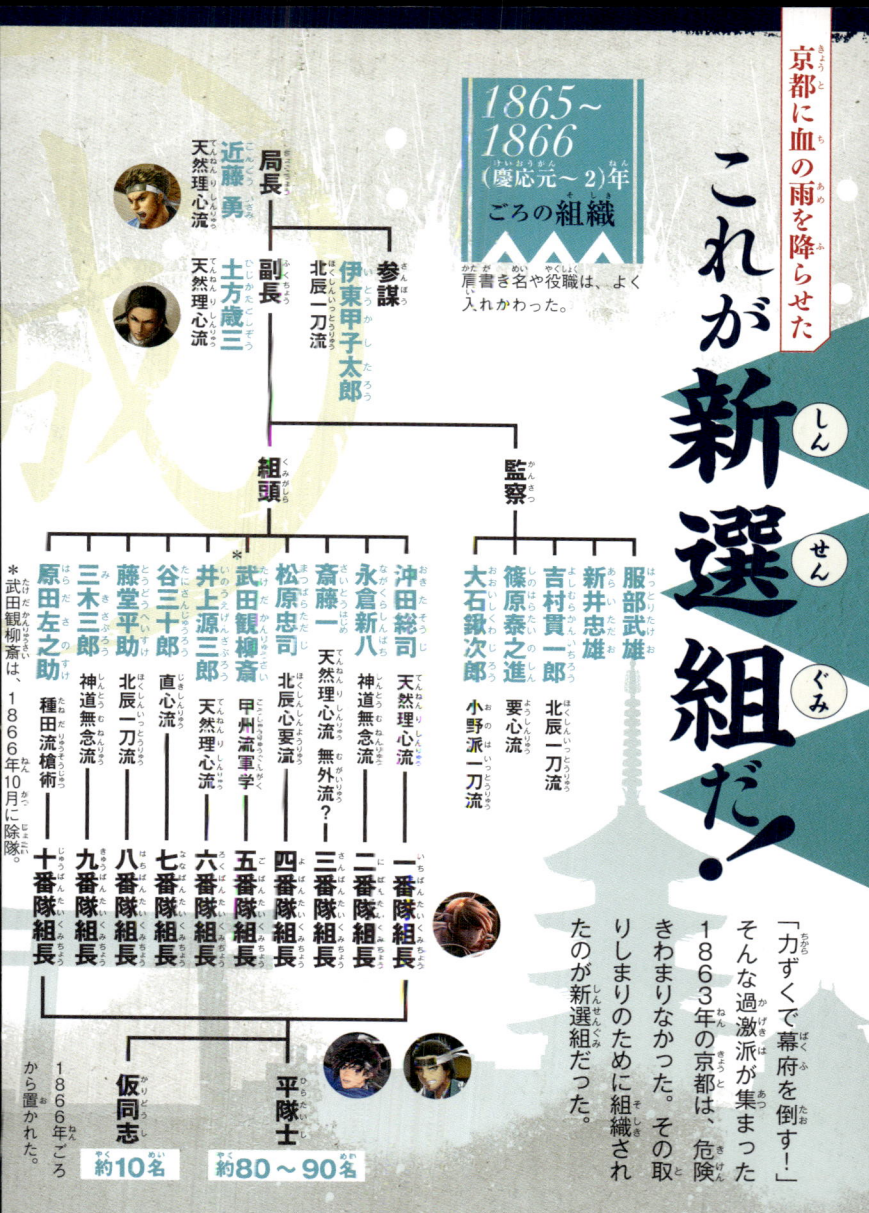

1865～1866（慶応元～2）年ごろの組織

肩書き名や役職は、よく入れかわった。

局長 近藤勇　天然理心流

副長 土方歳三　天然理心流

参謀 伊東甲子太郎　北辰一刀流

組頭

- 一番隊組長　沖田総司　天然理心流
- 二番隊組長　永倉新八　神道無念流
- 三番隊組長　斎藤一　天然理心流　無外流？
- 四番隊組長　松原忠司　北辰心要流
- 五番隊組長　武田観柳斎＊　甲州流軍学
- 六番隊組長　井上源三郎　天然理心流
- 七番隊組長　谷三十郎　直心流
- 八番隊組長　藤堂平助　北辰一刀流
- 九番隊組長　三木三郎　神道無念流
- 十番隊組長　原田左之助　種田流槍術

＊武田観柳斎は、1866年10月に除隊。

監察

- 服部武雄
- 新井忠雄
- 吉村貫一郎　北辰一刀流
- 篠原泰之進　要心流
- 大石鍬次郎　小野派一刀流

平隊士　約80～90名

仮同志　約10名

1866年ごろから置かれた。

「力ずくで幕府を倒す！」そんな過激派が集まった1863年の京都は、危険きわまりなかった。その取りしまりのために組織されたのが新選組だった。

新選組の袖章。組員は、誠と書かれ、袖口に山型のふちどりのある羽織を着ていた。

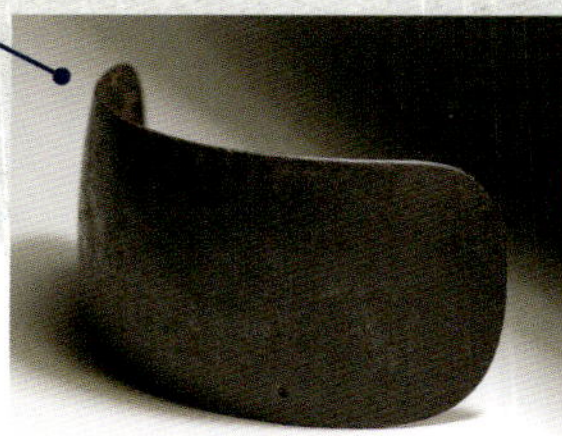

土方歳三の鉢金。これを布でくるみ、はちまきとして額に巻いて頭部を守った。7、8か所ほど刀傷がついている。

土方歳三が池田屋事件のとき使った鎖帷子。鉄でできていて、激しい接近戦で身を守るためのもの。

土方歳三の愛刀
“和泉守兼定”。

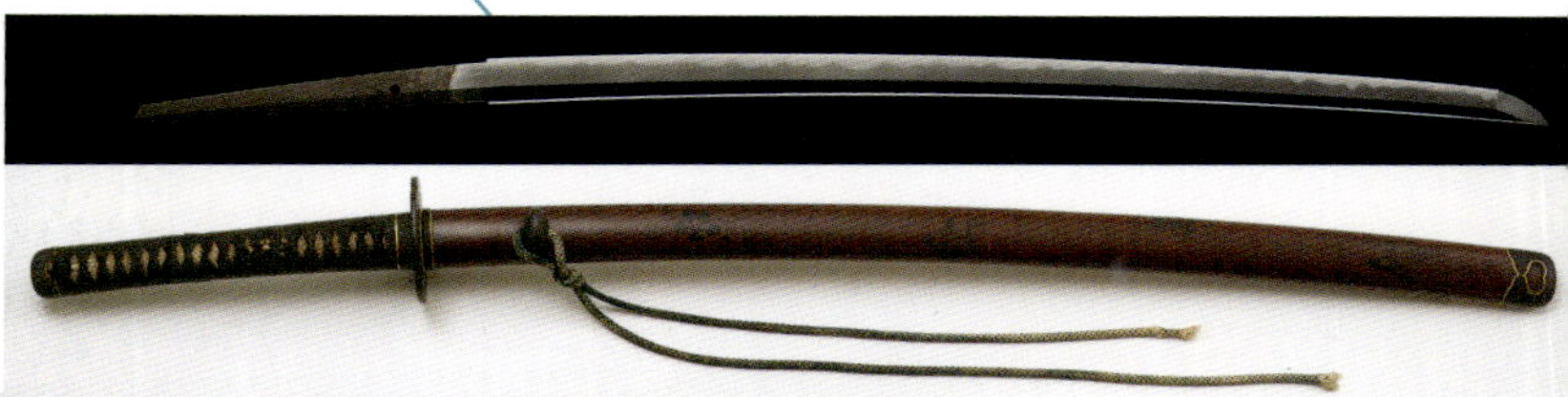

幕府が倒れるまでの江戸時代最後の5年間、幕府を守る「誠」を背負った男たちがいた。彼らには、斬って勝つしか生きる道はない。甘えは一切許されず、組員は厳しい規則できたえあげられた。掟を破った者は、容赦なく斬られ、切腹させられる。組織と構成員は絶えず変わっていたが、当時、最強の刺客集団として、日本中に知れわたっていた。

 土方歳三資料館蔵

剣士特別インタビュー2

新選組はカッコいいけどつらいって本当？

池田屋事件で一気に有名になった新選組。入隊希望者も増えたという。そんな新選組に入って数か月の、中西昇さんに架空インタビューしてみたよ。

――京都の町では、新選組カッコいい！と評判ですが、実際入っての感想はいかがですか？

中西 いや、おれも何もねえよ。今すぐ新選組やめてえよ。

――えっ、やめたい？　どうしてですか？

中西 恐いんだよ。きまりも厳しいし。武士らしくふるまえとか、勝手に裁判を起こすな、なんてのはいいよ。けんかをするなとか、勝手にお金の貸し借りをするなとか、入ったらぬけられない、とかあって、もし1個でも破ったら切腹なんだぜ。

――切腹ですか！　でも給料いいんでしょ。

中西 おれレベルで、ひと月2両。

――2両というと、今のお金では？

中西 1両13万円くらいとして26万か？

――じゃあ、近藤局長とかはもっと……

中西 池田屋事件のときは、給料以外に別段金ていうボーナスが出て、局長は30両もらったらしい。

――うわ、390万ですか！

中西　そうだよ。土方副長で23両。だから幕府から期待されるし、局長も副長もそれにこたえようと真剣になってるから、こええ、こええ。けいこ、つらすぎてさ。

——土方副長や沖田組長、強そうですね。

中西　あのふたり、人間じゃやねえよ。沖田さんは最近体調悪いみたいだけど、それでもすごすぎる。オレの知ってる平隊士がふたり逃げたんだけど、沖田さんに見つかって斬られちまったんだよ！

——ほ、本当ですか……。

中西　本当さ。だから今悩んでるんだ。オレ、いずれにしても近いうちに死ぬんじゃないかって……。

——そ、そんなことありませんよ！

でも、でも、がんばってください！京都の治安を守るんですよね！御武運をお祈りします！

中西　わかったよ。ありがとうな。

——いえいえ、こちらこそ今日はどうもありがとうございました。ひえ〜。

中西 昇（1842〜？年）
武蔵（現在の埼玉県）生まれの剣士。参謀の伊東甲子太郎の弟子で、北辰一刀流の師範代を務めた。新選組には伊東甲子太郎とともに入り、2年と数か月いたが、その後やめ、消息がつかめない。

一刀正伝無刀流開祖
山岡鉄舟
心をもって心をうつ…！

山岡鉄舟は、９歳から剣術を始め、北辰一刀流を学んだ。千葉周作の玄武館でも修行にはげむ。あまりの強さに〝鬼鉄〟とよばれたという。

そんな鉄舟だが、中西派一刀流の浅利又七郎との木刀試合に敗れたのだ。激しいつば競り合いから、巨体の鉄舟が力で倒しにかかったが、その瞬間、胴を打たれた。胴の防具の中の竹が３本折れていたという。

自分の弱さを知った鉄舟は、さっそく浅利道場に入門した。禅による精神修行を続けた結果、鉄舟はさとった。それは、剣を捨て、剣に頼らない者こそが、剣の達人であるという真理。

鉄舟はついに又七郎に勝利し、一刀正伝無刀流を開いたのだった。

出生・最期
1836 ～ 1888 年
享年 53 歳（病死）

出身地：江戸
（現在の東京都）

主な活躍場所

精神力にも優れた剣豪。政治力、交渉事にも長けていた。

長州藩の倒幕志士

桂小五郎

政治家としても優れ、幕府を倒し、新政府の中心人物となり活躍した。

鍛えた心で新しい日本をつくる！

桂小五郎（のちの木戸孝允）は、地元で新陰流を学んだのち、江戸へ出た。そして練兵館の斎藤弥九郎から神道無念流を学ぶと、20歳そこそこで剣豪に名を連ねた。

得意は上段の構え。新選組の近藤勇が、手も足も出なかったほどの腕前だった。構えたときの〝おだやかなすごみ〟に、周囲が圧倒されたという。

実は小五郎は、真剣をもって戦うことはほとんどなかったという。練兵館の教えに「武士は争いを止めるもの」とあり、小五郎はその教えを守っていたのだ。

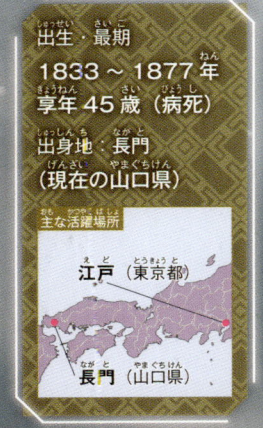

出生・最期
1833～1877年
享年45歳（病死）
出身地：長門
（現在の山口県）

主な活躍場所

時代を変えた志士
坂本龍馬
ここで死ねない！
オレにはやることがある！

土佐藩の郷士（下級武士）の子に生まれた坂本龍馬は、14歳で剣術を始める。19歳で修行のため江戸へ出て、北辰一刀流を身につけた。しかし龍馬が強く関心を持ったのは、日本の将来だった。「このままでは、科学と軍事力が進んだ西洋に飲みこまれてしまう」。龍馬は、新しい日本をつくる決心をした。

そんな龍馬は、幕府にねらわれる。宿の寺田屋にいたところをおそわれた。しかし刀と銃で応戦し、切りぬける。

龍馬はさまざまな活動を通じて、ついに幕府が朝廷に政権を返す、「大政奉還」を実現させた。ところがその一か月後、再び何者かにおそわれ、京都で殺された。

出生・最期
1835～1867年
享年33歳（暗殺）

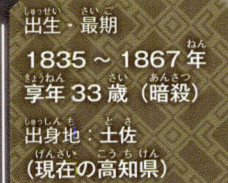

出身地：土佐
（現在の高知県）

主な活躍場所

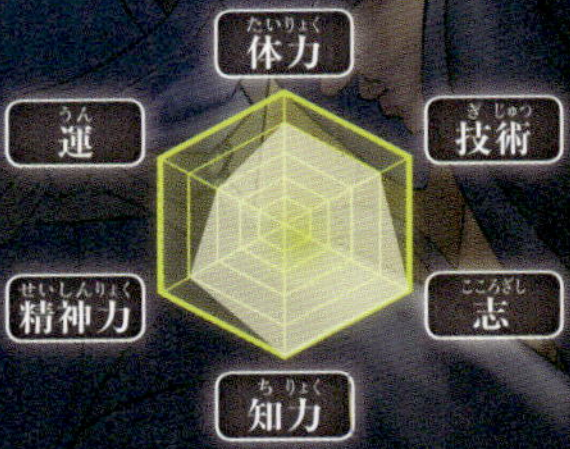

日本の将来を第一に考え、多くの人と語りながら考え、精力的に行動した。

新政府軍と戦った長岡藩家老

河井継之助

吠えろ！ ガトリング砲

江戸幕府が倒れ、旧幕府軍と新政府軍との戊辰戦争が始まった。新政府軍は、幕府を守っていた会津（現在の福島県）藩と長岡（現在の新潟県）藩を攻撃しようとした。長岡藩の家老・河井継之助は、アメリカからガトリング砲（機関砲）など大量の最新兵器を買いこみ、新政府軍の攻撃に備えた。

しかし新政府軍が攻撃を実行したため、ついに継之助は新政府軍との戦争にふみきった。戦いは3か月に及んだが、継之助は敗れた。そして戦いのときの傷がもとで病死した。

出生・最期
1827～1868年
享年42歳（病死）
出身地：越後
（現在の新潟県）

子どものころから成績優秀。がまん強さと強い信念を持っていた。

戦士の少年少女時代

わんぱく自慢 3

伊豆大島から泳ぎ渡った
伊東一刀斎

伊豆大島で生まれたとされる伊東一刀斎は、14歳のとき、剣の道を志した。そして大島から三島（静岡県）まで、板一枚を浮きにして、泳いで渡ったのだ。

さすがに疲れて鬼のような顔つきになったため、自分で「鬼夜叉」と名乗ったという。

けんかで強くなった
土方歳三

新選組副長・土方歳三の家は農家。農家出身者はふつう武士になれないが、歳三は武士になりたくて、剣のけいこを積んだ。強くなりたい一心でけんかもした。新選組に入り、願いがかなって武士になったが、新選組でも、砂をけり上げて敵をひるませるなど、けんか剣法を得意とした。

第5部
美剣一閃
女戦士の章

神話の戦士
神功皇后
神秘的な力を持つ伝説の皇后
神がわたしに告げる

神功皇后は、仲哀天皇（第14代天皇）の妃。神と心を通わせる能力を持っていたといわれる。あるとき神から、朝鮮半島の新羅を討てとのお告げを聞く。

神功皇后は兵を率いて船で出発。魚が集まって船の進むのを助けたという。このとき子どもが生まれそうだった神功皇后は、石をかかえて生まれないようにし、軍を指揮した。遠征の結果、朝鮮半島南部を従わせた神功皇后は、帰ってから応神天皇を産んだという。

神功皇后

神功皇后は、『日本書紀』では気長足姫尊、『古事記』では息長帯比売命として書かれている。仲哀天皇の父はヤマトタケルノミコトなので、神功皇后にとってヤマトタケルノミコトは、義理の父ということになる。

巴

源義仲を支えた女闘士

殿！巴、最後のご奉公です…

出生・最期
不明
享年？歳（死因不明）
出身地：信濃
（現在の長野県）

源義仲と幼なじみ。義仲が平家打倒の兵をあげてから、巴はずっと義仲につき従った。強弓の美人ファイター。倶利伽羅峠（富山・石川県境）などの戦いでは、一軍の大将を任され、活躍した。

ところが源頼朝と対立した義仲は、源義経らを敵に回してしまった。次々と戦いに敗れ、ついに義仲を含め5騎となった。その中に巴もいた。「もうおまえは逃げろ」という義仲に対し、巴は「最後の仕事です」と言って、敵将の首をねじすて、去っていった。

勇猛な女武者。義仲に忠実に従った後は、尼になったといわれる。

おつやの方

信長と戦った美人城主

出生・最期
？～1575年
享年？歳（刑死）
出身地：？

激しい気性の持ち主。天下をねらう信長に、敢然と立ち向かった。

おつやの方は、織田信長の叔母で、絶世の美女として名高い。岩村（岐阜県）城主だった夫の遠山景任は、信長に逆らわず、平和な関係を保っていたが病死。すると代わって城主となったおつやの方は、信長との関係を絶ち、信長と対立する武田信玄と手を結んだのだ。

怒った信長が軍を差し向けてきたが、おつやの方は負けじとむかえうった。信長が仲直りを申しこんでくると、ようやく城を開いた。ところがこれは信長のうそだった。おつやの方はとらえられ、はりつけにされた。「天はおまえを許さない！」おつやの方はそうさけび、絶命した。

甲斐姫

忍城城主の娘

真田家の武将を討ち取った姫

忍城（埼玉県）は、北条氏配下の成田氏長が城主。豊臣秀吉が小田原（神奈川県）の北条氏を討とうとしたとき、氏長も小田原城で戦うことになった。そこで忍城を守ることになったひとりが、美人として名高い娘の甲斐姫だった。

そんな忍城に石田三成を大将とする秀吉軍が攻めてきた。水攻めをしても耐える忍城に対し、真田昌幸らも加わって総攻撃をかけてきた。このままではやられる。そこで成田家の名刀〝浪切〟をにぎった甲斐姫は、城門を開き出陣。自ら真田の武将を討ち取り、侵入をはばんだ。

しかしその後、北条氏が降伏したため、甲斐姫も降伏した。

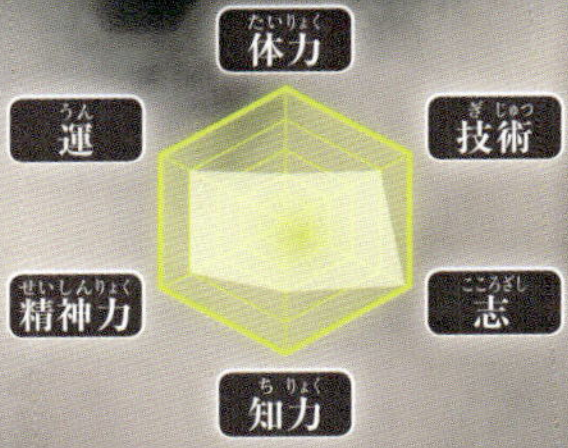

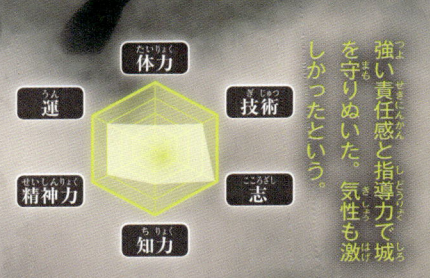

強い責任感と指導力で城を守りぬいた。気性も激しかったという。

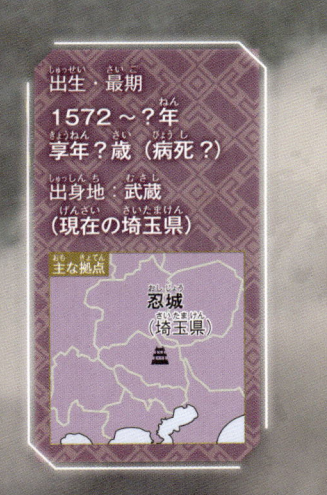

出生・最期
1572～？年
享年？歳（病死？）
出身地：武蔵
（現在の埼玉県）

会津武士の娘
新島八重
会津と徳川家は私が守る！
体力
技術
志
知力
精神力
運
砲術の知識が豊富。新政府軍に負けたが、その後看護師として活躍。

出生・最期
1845～1932年
享年88歳（病死）
出身地：陸奥
（現在の福島県）

主な活躍場所

会津藩（福島県）の砲術教師の子の八重は、小さいころから運動神経は抜群。薙刀や射撃、砲術を学び、馬・槍・刀の技も修得した。

会津藩の藩主の初代は保科正之。徳川家康の孫にあたる。「会津は将軍家を守る役目」これが会津藩に代々伝わる家訓となった。

1867年、幕府が倒れ、翌年から旧幕府軍と新政府軍との戊辰戦争が始まった。会津藩は新政府軍の厳しい攻撃にあう。藩主・松平容保は、藩士やその家族を率いて鶴ヶ城にたてこもった。その中に八重もいた。男装をした八重は、腰に銃弾をつけ、スペンサー銃と刀を手に、一歩もひかず戦った。そして負傷者の看護にもあたった。

しかし会津藩は敗れた。約1か月、徹底抗戦を続けての降伏だった。

八重は、その勇敢な姿から、のちに「会津の巴御前」とよばれたという。

その後、八重は京都に移り、同志社英学校（同志社大学の前身）を創立した新島襄と結婚。新島八重となった。男女平等を志す生き方で時代をリードした。

スパイ

川島芳子

満州のジャンヌ・ダルク

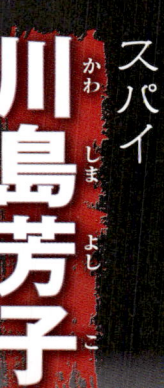

芳子が6歳の年に、中国の清王朝が滅びた。王族だった芳子は、再び清朝をおこすことを夢見るようになったという。

17歳ごろ髪の毛を切り、男装を始める。そして日本のスパイとして、日本と中国とを行き来し、さまざまな事件の裏で活動した。

1932年、日本軍は中国東北部に、満州国をつくった。翌年、その領土をさらに広げようとする熱河作戦では、芳子は自警団の総司令として活

＊ジャンヌ・ダルク…イギリスとフランスとの百年戦争（1339～1453年）で、フランスを勝利に導いた少女戦士。

躍した。軍服を着て、サーベル片手に馬に乗る姿は、「満州のジャンヌ・ダルク」ともてはやされた。
しかし1945年、日本が太平洋戦争で敗れると、中国に逮捕される。敵国日本に協力したという理由で、銃殺された。

川島芳子
（1907～1948年）

1907年、中国の清王朝王族の第14王女として生まれる。日本人の川島浪速の養女となり、川島芳子を名乗った。1948年に刑死。

提供 朝日新聞社

戦士年表

780　1000　1100

西暦（年）	できごと	説明	時代
789	🔥 巣伏の戦い	阿弖流為が紀古佐美に勝利。（16ページ）	奈良時代
794	🏯 平安京遷都	桓武天皇が都を京都へ移す。	平安時代
802	🔥 蝦夷征討	坂上田村麻呂、阿弖流為を降す。（18ページ）	平安時代
939	🔥 平将門の乱	940年に藤原秀郷が平将門を討つ。（26ページ）	平安時代
1156	🔥 保元の乱	源為朝が敗れ、伊豆大島へ流刑となる。（28ページ）	平安時代
1159	🔥 平治の乱	源義朝が平清盛に敗れ、子の義経が鞍馬寺へ預けられる。（90ページ）	平安時代
1180	🔥 源平合戦開始	源義経が、兄の源頼朝のもとへかけつける。（58ページ）	平安時代
1183	🔥 倶利伽羅峠の戦い	巴が源義仲の一軍の大将として戦う。（172ページ）	平安時代
1184	🔥 一の谷の戦い	源義経が鵯越を馬でかけ下りて平氏に勝利。（58ページ）	平安時代

藤原秀郷

源為朝

坂上田村麻呂

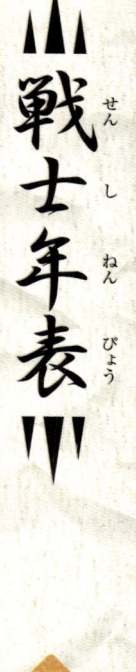

🔥 合戦
戦士に関するできごと
🏯 社会のできごと

1200 ▼ 1300 ▼ 1400 ▼ 1500 ▼

1185	屋島の戦い
	壇ノ浦の戦い
1189	衣川の戦い
1274	文永の役
1281	弘安の役
1331	元弘の変
1333	鎌倉幕府滅亡
1336	湊川の戦い
1467	応仁の乱
1543	種子島に鉄砲伝来
1553	第一次川中島の戦い
1556	稲生の戦い

源 義経

竹崎季長

鎌倉時代　室町時代　戦国時代

那須与一が船上の扇を射抜く。(60ページ)

源 義経が奮戦し、平氏を滅ぼす。(58ページ)

弁慶が戦死し、義経が自害。(30ページ)

元との戦いで竹崎季長らが活躍。(32ページ)

竹崎季長が元の船に斬りこんで戦う。(32ページ)

楠木正成が鎌倉幕府軍とゲリラ戦で戦う。(62ページ)

楠木正成、足利軍と戦うが敗れる。(62ページ)

室町幕府の将軍あとつぎ問題などをめぐり戦いが起こる。

武田信玄軍と上杉謙信軍が戦う。

前田利家が奮戦し、織田信長があとつぎ争いに勝利。(36ページ)

武蔵坊弁慶

楠木正成

前田利家

1560 桶狭間の戦い
織田信長が今川義元を破る。（64ページ）

1561 第四次川中島の合戦
上杉謙信と武田信玄の一騎打ちは引き分け。（70ページ）

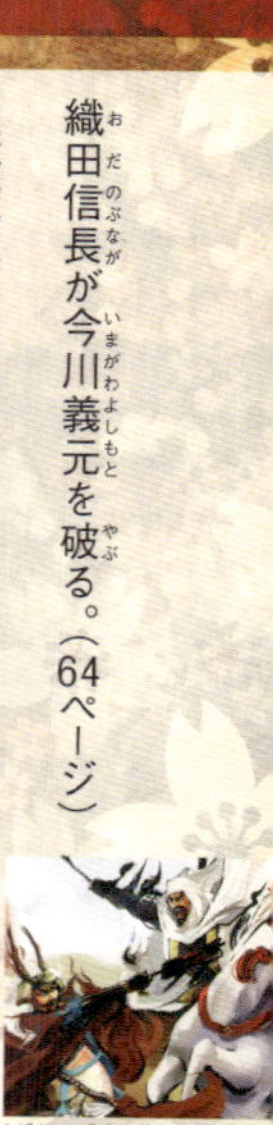
武田信玄vs上杉謙信

1565 月山富田城の戦い
山中鹿介が、菊池音八、高野監物、品川将員との一騎打ちで勝利。（40ページ）

1570 姉川の戦い
織田信長・徳川家康連合軍と、浅井長政・朝倉義景連合軍との戦い。本多忠勝が真柄直隆との一騎打ちで勝利。（44ページ）

本多忠勝

1572 岩村城の戦い（～75年）
おつやの方、信長の策にはまり刑死。（174ページ）

おつやの方

1573 室町幕府滅亡
織田信長が室町幕府を滅ぼす。

室町時代
戦国時代

1575 長篠の戦い
織田信長・徳川家康連合軍と武田勝頼の戦い。酒井忠次らが活躍。（75ページ）
このころ斎藤伝鬼房が天流を創始する。（118ページ）

酒井忠次

安土・桃山時代

1582 本能寺の変
織田信長、明智光秀に敗れ自害。（64ページ）
服部半蔵、伊賀越えで家康を救う。（73ページ）

1583 賤ケ岳の戦い
豊臣秀吉と柴田勝家との戦い。福島正則、佐久間盛政らが活躍。（52ページ）

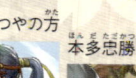

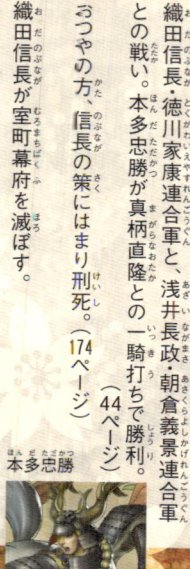

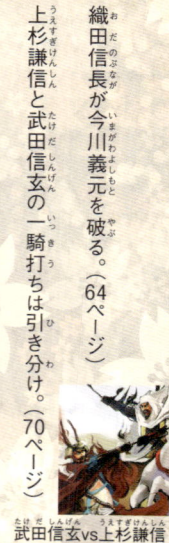

福島正則

1600

1584	小牧・長久手の戦い	豊臣秀吉と織田信雄・徳川家康連合軍との戦い。福島正則、本多忠勝、榊原康政らが活躍。（35・44・74ページ）
1585	人取橋の戦い	伊達成実、伊達軍の危機を救う。（42ページ）
1590	忍城の戦い	成田氏の甲斐姫が奮戦するも、石田三成軍に降伏。（176ページ）
1592	文禄の役（～96年）	加藤清正、朝鮮での戦いで活躍。（34ページ）
1597	慶長の役（～98年）	豊臣秀吉が2度目の朝鮮侵略を行う。
1600	上田合戦（第二次）	真田昌幸・幸村と徳川秀忠の戦い。昌幸が勝利。（66ページ）
	関ケ原の戦い	徳川家康の東軍と、石田三成の西軍との戦い。島左近、井伊直政、藤堂高虎らが奮戦。（38・46・54ページ）島津豊久、島津家のピンチを救う。（50ページ）
1612	巌流島の戦い	宮本武蔵が佐々木小次郎に勝利する。（104・106ページ）
1614	大坂冬の陣	徳川家康軍と豊臣秀頼軍との戦い。真田幸村、「真田丸」で徳川軍を撃退。（48ページ）
1615	大坂夏の陣	柳生宗矩が徳川方で活躍。（114ページ）真田幸村が奮戦するも、豊臣氏が敗れ滅びる。（48ページ）

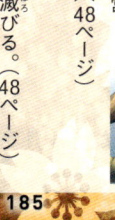

甲斐姫

真田昌幸

真田幸村

江戸時代

加藤清正

藤堂高虎

宮本武蔵

1700 1800

江戸時代

1637	島原・天草一揆(〜38年)	天草四郎が幕府軍の大軍を相手に戦うも全滅。(84ページ)
1669	シャクシャインの戦い	アイヌ民族が松前氏と戦い、敗れる。(88ページ)
1773	士学館開校(鏡新明智流)	1852年には4代目桃井春蔵が道場主に。(134ページ)
1822	玄武館開校(北辰一刀流)	千葉周作が道場を開く。(128ページ)
1826	練兵館開校(神道無念流)	斎藤弥九郎が道場を開く。(131ページ)
1853	黒船来航	ペリーが日本に開国を求める。坂本龍馬が千葉道場に入門。(164ページ)
1860	桜田門外の変	井伊直弼が尊王攘夷派の浪士に暗殺される。
1863	徳川家茂が上洛	近藤勇、徳川家茂の警護で京都に行く。(146ページ)
1864	池田屋事件	新選組が池田屋にふみこむ。(146〜155ページ) 河上彦斎、佐久間象山を暗殺。(138ページ)
1866	坂本龍馬襲撃事件	坂本龍馬、寺田屋で襲撃されるが、逃げ切る。(164ページ)

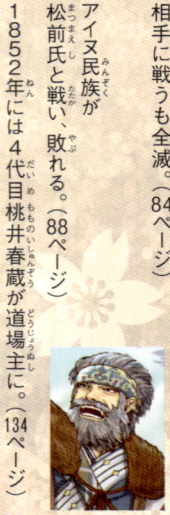

沖田総司

天草四郎

シャクシャイン

坂本龍馬

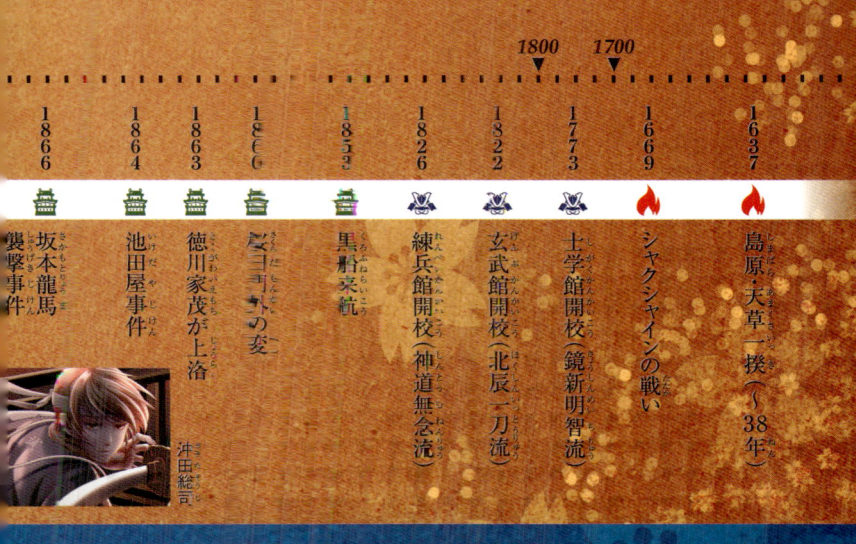

近藤勇

1900

1867 大政奉還
近江屋事件

1868 鳥羽・伏見の戦い
戊辰戦争（〜69年）

1871 岩倉使節団

新島八重

1894 日清戦争（〜95年）

1904 日露戦争（〜05年）

1914 第一次世界大戦（〜18年）

1932 日本が満州国をつくる

1933 熱河作戦が行われる

1941 太平洋戦争が始まる

1945 太平洋戦争で日本が敗戦

明治時代　大正時代　昭和時代

坂本龍馬、暗殺される。（16ページ）

河合継之助、ガトリング砲で迎撃。（166ページ）
山岡鉄舟、江戸城開城に力をつくす。
新島八重、スペンサー銃で奮戦。（178ページ）
土方歳三、馬上で銃弾にたおれる。（148ページ）

桂小五郎、アメリカ、ヨーロッパを巡る。（162ページ）

桂小五郎

土方歳三

河井継之助

川島芳子、満州国で自警団の総司令として活躍。（180ページ）

川島芳子、敵国日本に協力したとして、1948年に銃殺。（180ページ）

索引（さくいん）

あ行

か行	甲斐姫	かいひめ	**176** 185	雪浜
	筧十蔵（真田十勇士）	かけいじゅうぞう	**83**	山田しぶ
	糟屋武則（賤ヶ岳七本槍）	かすやたけのり	**77**	雪浜
	片桐且元（賤ヶ岳七本槍）	かたぎりかつもと	**77**	雪浜
	桂小五郎	かつらこごろう	97 133 **162** 187	霙飯
	加藤清正（賤ヶ岳七本槍）	かとうきよまさ	7 **34** 76 185	さかき 雪浜（76）
	加藤段蔵	かとうだんぞう	**69**	雨傘
	加藤嘉明（賤ヶ岳七本槍）	かとうよしあき	**76**	雪浜
	上泉信綱	かみいずみのぶつな	2 97 **100**	KNDY
	河井継之助	かわいつぎのすけ	**166** 187	菊屋シロウ
	河上彦斎	かわかみげんさい	97 **138**	菊屋シロウ
	川島芳子	かわしまよしこ	**180**	侑
	霧隠才蔵（真田十勇士）	きりがくれさいぞう	**83**	山田しぶ
	楠木正成	くすのきまさしげ	**62** 183	山下琴星
	高坂昌信（武田二十四将）	こうさかまさのぶ	**79**	山中佳奈子
	近藤勇	こんどういさみ	96 **146** 156 186	喜久家系
さ行	斎藤伝鬼房	さいとうでんきぼう	96 **118**	タンニ
	斎藤一	さいとうはじめ	**154** 156	トト丸
	斎藤弥九郎	さいとうやくろう	97 **131** 133	もつる
	三枝守友（武田二十四将）	さえぐさもりとも	**78**	山中佳奈子
	酒井忠次（徳川十六神将）	さかいただつぐ	**75** 80 184	霙飯 山下琴星（80）
	榊原康政（徳川十六神将）	さかきばらやすまさ	**74** 81	さかき 山下琴星（81）
	坂田金時（頼光四天王）	さかたのきんとき	**22**	坪井亮平
	坂上田村麻呂	さかのうえのたむらまろ	**18** 182	喜久家系
	坂本龍馬	さかもとりょうま	96 132 **164** 186	喜久家系
	佐久間盛政	さくまもりまさ	**52**	Babovich
	佐々木小次郎	ささきこじろう	96 **106**	山中佳奈子
	真田信綱（武田二十四将）	さなだのぶつな	**79**	宮本サトル
	真田昌幸（武田二十四将）	さなだまさゆき	**66** 79 185	トミダトモミ 山中佳奈子
	真田幸隆（武田二十四将）	さなだゆきたか	**79**	山中佳奈子
	真田幸村	さなだゆきむら	**48** 185	ナチコ
	猿飛佐助（真田十勇士）	さるとびさすけ	**83**	山田しぶ
	島左近	しまさこん	**38**	添田一平
	島津豊久	しまづとよひさ	**50**	山中佳奈子
	シャクシャイン	しゃくしゃいん	**88** 186	山田しぶ

白井亨	しらいとおる	96 120 142	結有 山田しぶ (142)
神功皇后	じんぐうこうごう	170	トミダトモミ
スサノオノミコト	すさのおのみこと	24	三好載克
曽根昌世（武田二十四将）	そねまさただ	78	山中佳奈子
た行 高木清秀（徳川十六神将）	たかぎきよひで	81	山下琴星
高田又兵衛	たかたまたべえ	5 96 111	霙飯
竹崎季長	たけざきすえなが	32 183	菊屋シロウ
武田信玄	たけだしんげん	71 184	坪井亮平
武田信廉（武田二十四将）	たけだのぶかど	78	山中佳奈子
武田信繁（武田二十四将）	たけだのぶしげ	78	山中佳奈子
多田満頼（武田二十四将）	ただみつより	79	山中佳奈子
伊達成実	だてしげざね	42	雪浜
千葉周作	ちばしゅうさく	96 128 132	雪浜
塚原卜伝	つかはらぼくでん	2 96 98	添田一平
土屋昌次（武田二十四将）	つちやまさつぐ	78	山中佳奈子
藤堂高虎	とうどうたかとら	54 185	山田しぶ
巴	ともえ	7 172	ナチコ
鳥居忠広（徳川十六神将）	とりいただひろ	81	山下琴星
鳥居元忠（徳川十六神将）	とりいもとただ	81	山下琴星
な行 内藤昌豊（武田二十四将）	ないとうまさとよ	79	山中佳奈子
内藤正成（徳川十六神将）	ないとうまさなり	80	山下琴星
永倉新八	ながくらしんぱち	97 152 156	山下琴星
中西　昇	なかにしのぼる	158	
那須与一	なすのよいち	4 60	山中佳奈子
新島八重	にいじまやえ	6 91 178 187	望 鈴本(91)
根津甚八（真田十勇士）	ねづじんぱち	83	山田しぶ
は行 蜂屋貞次（徳川十六神将）	はちやさだつぐ	81	山下琴星
服部半蔵（徳川十六神将）	はっとりはんぞう	73 80	山下琴星 結有(73)
服部保長	はっとりやすなが	69	雨傘
馬場信春（武田二十四将）	ばばのぶはる	79	山中佳奈子
原　虎胤（武田二十四将）	はらとらたね	79	山中佳奈子
原　昌胤（武田二十四将）	はらまさたね	78	山中佳奈子
針ヶ谷夕雲	はりがやせきうん	97 127	Kosuke
土方歳三	ひじかたとしぞう	96 148 156 168 187	あおひと siki(168)
平岩親吉（徳川十六神将）	ひらいわちかよし	81	山下琴星

	平野長泰（賤ヶ岳七本槍）	ひらのながやす	**77**	雪浜
	福島正則（賤ヶ岳七本槍）	ふくしままさのり	**35** 77 184	村咲 雪浜(77)
	藤原秀郷	ふじわらのひでさと	**26** 182	トミダトモミ
	宝蔵院胤栄	ほうぞういんいんえい	96 **110**	渡里
	本多忠勝（徳川十六神将）	ほんだただかつ	5 **44** 72 81 184	喜久家系 二階堂彩(72) 山下琴星(81)
ま行	前田利家	まえだとしいえ	5 **36** 183	ナチコ
	松平康忠（徳川十六神将）	まつだいらやすただ	**80**	山下琴星
	神子上典膳	みこがみてんぜん	96 **126** 145	siki miska(145)
	源為朝	みなもとのためとも	4 **28** 56 182	あおひと 望(56)
	源義経	みなもとのよしつね	**58** 72 90 183	ナチコ 二階堂彩(72) 鈴本(90)
	源頼光	みなもとのよりみつ	**20**	坪井亮平
	宮本武蔵	みやもとむさし	2 97 **104** 144 185	宮本サトル もつる(144)
	三好伊三入道（真田十勇士）	みよしいさにゅうどう	**83**	山田しぶ
	三好清海入道（真田十勇士）	みよしせいかいにゅうどう	**82**	山田しぶ
	武蔵坊弁慶	むさしぼうべんけい	6 **30** 183	坪井亮平
	望月六郎（真田十勇士）	もちづきろくろう	**83**	山田しぶ
	桃井春蔵	もものいしゅんぞう	97 133 **134** 143	トミダトモミ トト丸(143)
や行	柳生十兵衛	やぎゅうじゅうべえ	3 97 **116**	あおひと
	柳生宗矩	やぎゅうむねのり	97 **114**	二階堂彩
	柳生宗厳	やぎゅうむねよし	97 **112**	もつる
	山岡鉄舟	やまおかてっしゅう	96 132 **160**	鈴本
	山県昌景（武田二十四将）	やまがたまさかげ	**78**	山中佳奈子
	ヤマトタケルノミコト	やまとたけるのみこと	**14**	あおひと
	山中鹿介	やまなかしかのすけ	**40**	菊屋シロウ
	山本勘助（武田二十四将）	やまもとかんすけ	**79**	山中佳奈子
	由利鎌之助（真田十勇士）	ゆりかまのすけ	7 **82**	山田しぶ
	横田高松（武田二十四将）	よこたたかとし	**78**	山中佳奈子
	吉岡清十郎	よしおかせいじゅうろう	97 **124**	添田一平
	吉岡又七郎	よしおかまたしちろう	**144**	もつる
	米津常春（徳川十六神将）	よねきつつねはる	**80**	山下琴星
わ行	脇坂安治（賤ヶ岳七本槍）	わきざかやすはる	**77**	雪浜
	渡辺守綱（徳川十六神将）	わたなべもりつな	**81**	山下琴星
	渡辺綱（頼光四天王）	わたなべのつな	**22**	坪井亮平

主な参考文献

『ビジュアル版 日本史1000人』上・下（世界文化社）／『日本史用語集』（山川出版社）／『ビジュアル百科 日本史1200人』（西東社）／『ビジュアルワイド図解 日本の合戦』（西東社）／『ビジュアル日本史ヒロイン1000人』（世界文化社）／『江戸の剣豪列伝』（主婦の友社）／『サムライ最強図鑑』（永岡書店）／『新選組10人の隊長』（洋泉社）／『日本剣豪列伝』（河出文庫）/PIXTA

写真協力

朝日新聞社／小松市役所観光交流課／刀剣博物館（公益財団法人日本美術刀剣保存協会）／土方歳三資料館／東京国立博物館／DNPイメージアーカイブ／福岡市博物館（撮影：要史康）/PIXTA

［監修］埼玉大学名誉教授　田代脩

［イラスト］あおひと／雨傘／喜久家系／菊屋シロウ／榊原志帆／鈴本／添田一平／タンニ／坪井亮平／トト丸／トミダトモミ／ナチコ／二階堂彩／望／霙[illegible]／宮本サトル／三好載克／村咲／もつる／山下琴星／山田しぶ／山中佳奈子／侑／結有／雪浜／渡[illegible]/Babovich/KNDY/Kosuke/miska/siki（アイウエオ順・アルファベット順）

［協力］学校法人滋慶学園 東京コミュニケーションアート専門学校／総合学園ヒューマンアカデミー マンガ・イラストカレッジ／学校法人創都学園 東京アニメーションカレッジ専門学校／東京アニメーター学院

［装丁・デザイン］株式会社マーグラ（片渕涼太）　［DTP製作］株式会社アド・クレール

［編集協力］木村敦美／Aプロダクション　［著者］入澤宣幸

学研ファースト歴史百科❷

最強戦士ビジュアル大百科

2017年5月30日　第1刷発行

発行人　黒田隆暁

編集人　宮田昭子

編集担当　保田和寛

発行所　株式会社学研プラス　〒141-8415　東京都品川区西五反田2-11-8

印刷所　共同印刷株式会社

●この本に関する各種お問い合わせ先

【電話の場合】

編集内容については　☎03-6431-1617（編集部直通）

在庫、不良品（落丁、乱丁）については　☎03-6431-1197（販売部直通）

【文書の場合】

〒141-8418　東京都品川区西五反田2-11-8　学研お客様センター『最強戦士ビジュアル大百科』係

●この本以外の学研商品に関するお問い合わせは下記まで

☎03-6431-1002（学研お客様センター）

●学研の書籍・雑誌についての新刊情報・詳細情報は、下記をご覧ください。

学研出版サイト　http://hon.gakken.jp/